JN257898

講演

私の刑法学

~人格的刑法学の確立~

大塚 仁 著

青林書院

発刊の辞

本書は、朝日大学法制研究所が企画した講演会におけるご講演をお引き受けいただいた大塚仁先生の講演録である。大塚仁先生の数々のご研究の成果については、本書の巻末に付した著作目録をご覧いただければ判然とするところではあるが、いずれも学問の第一線に位置づけることができるものばかりである。

長年にわたって研究者として現役第一線の地位を保持し続けることは、稀有なことであるが、奥底から湧き上がってくる情熱とそれを保持し続けることができる体力がなければできることではない。また、刑事法学が考究すべき具体的人間の行為に対する洞察も、研究を進めるうえでは不可欠な事柄であるといえよう。

ご講演をお願いにお邪魔した折に、「大塚仁先生の刑法学の成り立ちについてのお話をしていただければ嬉しく思います」と申し上げたところ、「わたしのは、特殊な経験によるものであるからわかってもらえないと思います」との回答であった。しかし、お話を伺っていて、「人間と学問の関連」を重視すべきという立場から、私は後世に残すべき価値のある内容であると確信し、改めてご講演を依頼した次第である。

大塚仁先生はご高齢であられても、意気軒昂であられるが、ご自身では、「わかってもらえない」事柄を記録することはないであろうと思われたようである。しかし、二回にわたるご講演日に大塚仁先生がお話くださった内容は、本書に総て遺漏なく収録することができている。これだけの分量を文章に起こし、ご業績を記録するのは並大抵のことではないし、また、大塚仁先生ご自身にご校閲をしていただかなければならなかったため、ご講演日より公刊まで思いのほか長期間を要することになってしまった。

完成稿に目を通し、いまは本書をひとりでも多くの若い研究者の皆さんに読んでいただけたらと願うばかりである。人間を知ろうとしないで、また人間を知らずして学問―特に法律学―は存在するものではないこと、厳格な自己規律の下に飽くことなく考え、只管に淡々と記す作業なくして学問は成り立たないことを大塚仁先生の学問に対する姿勢からぜひ学んでいただきたい。本書は、その意味において、大塚仁先生の重要な作品のひとつに数え上げられて良いのではなかろうかと考える。

朝日大学法制研究所叢書として、本書を公刊することができたことを大変光栄に思う。大塚仁先生に満腔の感謝を申し上げたい。また、朝日大学が本書の出版助成をしてくださったこと、および大野正博法学部教授には、株式会社青林書院編集部との公刊に関する交渉や巻末に付した著作目録等の作成など忍耐を要する仕事をしていただいたことを付しておきたい。

発刊の辞

平成二六年一〇月

朝日大学法制研究所
所長　籾山　錚吾

はしがき

本書は、朝日大学のご依頼によって私が行った講演の内容に若干の修正を加えて文章化したものです。

朝日大学は、岐阜県弁護士会との協力のもとに法学教育の推進をはかり、ジュニアロースクールの開講、模擬裁判の開催など多面的な活動を続けられましたが、それに関して建設されていた模擬法廷を裁判員裁判にも対応し得るように平成二四年四月に改修されました。そして、これを記念して、東海地方の法曹関係者、大学等の法律学の教育・研究者、司法担当の報道関係者などを招いて特別講演会を開催することを計画し、その講演を私に依頼されたのです。

私は、大変有意義なことと感じてこれをお受けしました。そして、講演の内容として私が刑法学の研究を志した経緯から、その理論の確立・進展について私を支えた社会的諸体験などを懐かしく想起しつつ、これまでにお話しすることのなかった内容の講演をしようと考えました。

講演は、平成二四年（二〇一二年）三月一七日の午後一時三〇分から三時まで、朝日大学６号館６２０１講義室で、また、同年一〇月六日午後二時から四時まで朝日大学サテライト二階大会議室で、二回にわたって行われました。

聴講にご参集くださった方々は、それぞれに興味溢れるご様子を続けられ、久々に懐かしい諸事実についてのお話を進めた私に深い感動を与えられました。皆様のご芳情に厚く御礼を申し上げます。

そして、この講演を計画され、周到なご配慮のもとに実施させてくださった朝日大学の関係者の皆様方、すなわち、宮田侑前理事長、宮田淳理事長、大友克之学長、籾山錚吾法制研究所長、杉島正秋前法学部長、大野正博副法学部長、野村成光学事第二部長の各位とともに、会場を整えてくださった方々などに深謝申し上げます。

お蔭様で、私の人生にとって誠に良い思い出が出来ました。

なお、講演を本書にまとめるに当たっては、二回のお話で若干の重複を生じたところを一本化するとともに、お話の趣旨をより明瞭にするために関連する事実や多少の新事項を追加するなどの修訂を加えました。

また、私のお話を支える資料として巻末に私の略歴と著作目録を付加させていただきました。これは、大野正博朝日大学副法学部長のご作成にかかるものであり、ご好意に重ねてお礼申し上げます。

はしがき

本書の出版は、多年にわたりご交誼くださって来た青林書院にお引き受けいただきました。逸見慎一社長、大塚和光氏および担当の方々に多謝致します。

平成二六年七月二一日　九一歳の誕生日に

大塚　仁

目　次

私の刑法学〜人格的刑法学の確立〜

Ⅰ　はじめに …… 3
Ⅱ　刑法学の基礎としての海軍生活での体験 …… 8
Ⅲ　刑法学の基礎としての学生・助手時代の学習・研究 …… 46
Ⅳ　名古屋大学助教授・教授時代の研究 …… 56
Ⅴ　海外留学による研究 …… 62
Ⅵ　中国における刑法学講義 …… 86
Ⅶ　人格的刑法理論の骨子 …… 92
Ⅷ　受　賞（章） …… 99
Ⅸ　私の現行作業 …… 101

大塚　仁　博士　略歴 —— 105
大塚　仁　博士　著作目録 —— 109
あとがき（大塚錆子） 135

講　演

私の刑法学

〜人格的刑法学の確立〜

平成二四年三月一七日・一〇月六日

於：朝日大学

第一回講演

第二回講演

大塚仁・鏑子ご夫妻

本日は、この記念の講演会にお招きいただきまして、大変名誉なことと思っております。また、皆様には、わざわざご参集くださいまして有難うございます。

本日の講演の題名は、「私の刑法学」といたしました。これまでに公にしたことのない、私の刑法学の成立の過程、実情等についてご紹介しつつ、私の刑法理論の要点などをお話したいと思います。

それでは、早速、講演に入らせていただきます。

Ⅰ　はじめに

刑法の基盤にある「人間」とは

私は、私の刑法学を「人格的刑法学」と名付けています。これは、刑法学の基盤としての人間を、主体性を持った人格的存在として捉えようとするからです。刑法学の基盤とされるのは人間なのです。犯罪を犯すのは人間ですし、刑罰を受けるのも人間です。人間は、刑法以外の他の法律においても、基礎とされていますが、それらは、抽象的な人間にとどまるのに対して、刑法では、かなり具体性を持った人間が考えられているのです。

刑法学の理論的対立――古典学派対近代学派

私が刑法学を勉強し始めた当時、刑法学には、古典学派と近代学派との激しい理論的対立がありました。古典学派は、旧派、近代学派は、新派とも呼ばれていました。

古典学派・旧派の立場においては、犯罪行為者である人間、また、受刑者としての人間について、みずから理性を備え、主体的に行動を律し得る抽象的、一般的な人間として理解されていました。例えば、哲学者のカント、刑法学者のフォイエルバッハの理論には、そのような思考が非常にはっきりと出されています。そして、それを踏まえた立場が古典学派の刑法学でした。

これに対して、近代学派・新派においては、人間を素質と環境とに支配されて犯罪に陥らざる得ない宿命的な存在であると解しました。そして、それは、刑法学者であるロンブローゾ、フェリーなどの主張に非常に明確でした。

つまり、古典学派の捉えていた人間は自由意思を持った理性的な存在ですが、それは、抽象的、観念的な理解に過ぎました。これに対して、近代学派の人間観は、形式論理に偏っており、現実性を欠いています。人間の行動は全て素質と環境に規制されるものではありません。人間の能力にも限りがありますし、行動にはもちろん限界がありますが、その限界までの範囲内ではみずからの自由意思にもとづいて自由に行動することができるのです。素質や環境に規律されながら、その規制を離れた面において自由な行動として犯罪を犯すのが現実の犯罪人です。このような犯罪人としての人間、それは主体的な存在性を持った人間であり、人格を有する者ということができるでしょう。人格といっても別に立派な人間という意味ではありません。ただ主体的に自己の行動を規制し得る者という意味で人格の語を用いているのです。

こうして、私の刑法学は、古典学派と近代学派の論争にいかに対処し、実際の犯罪についてどのように理解すべきかというところから出発したのでした。

犯罪の成立要件

私の刑法理論は、犯罪の成立要件として、構成要件該当性、違法性、責任、この三つの要件を取り上げます。これは、通説的な立場でもあります。まず、構成要件とは、刑法の定めた犯罪の基本的要件です。これに該当することが犯罪とされることの第一の要件です。そして、構成要件について、私は、違法性、責任の類型であると解しています。第二、第三の要件である違法性、責任を類型化したものとみるのです。そして、第一の犯罪成立要件である構成要件は、第二、第三の要件の基礎であり、出発点であるとして捉えるのです。

ところで、構成要件は、法律の定める犯罪の基本的要件であり、これについては、該当するかしないかということだけが問題とされます。これに対して、次の違法性は、法に違反する性質の問題ですから、違法であるかどうかということとともに、違法であるならばどのくらいの重さの違法性があるのかということまで考慮されなければなりません。

そして、第三の責任についても、同様です。構成要件に該当する違法な行為を行った行為者を対象として、行為者に責任があるかないかということとともに、責任があると認められた場合には、その責任はどの程度に重いのかという重さまでが問題とされるのです。

「行為」の捉え方

このような犯罪の要件ですが、そのすべての要件の前提であり、かつ、基礎として、まず、行為が取り上げられます。犯人の行った行為、それが、構成要件に該当するかどうか、その行為が、違法であるかどうか。行為を行った行為者に責任があるかどうかということで、この行為の捉え方が、犯罪理論の出発点として問題とされるのです。

私は、行為について、人格的行為論を主張しています。人格とは、先にも述べたように、主体性を持った人間をいい、その人間がみずから行ったものを刑法における行為と解するのです。

私の理論的立場──人格的刑法学

次に、構成要件の内容としては、先にも一言したように、違法性と責任がその中に含まれて、類型化されていると理解しています。違法性の捉え方については、人的違法観を認めます。行為者自身の行った行為が違法といえるかどうかを考えるのです。なお、最後の責任については、人格責任論をとります。後でまたお話しますが、この人格責任論が私の刑法学の出発点でもありました。

そして、以上の要件が整って、犯罪が成立すると認められた場合には、その犯罪は幾つあるのかという罪数の問題が取り上げられます。さらに、成立した犯罪に対して科せられる刑罰はどのようなものであるべきかが考えられなければなりません。そして、私は、罪数については、行為者の人格的態度をもとにして考え、また、刑罰については、人格を備えた受刑者に改悛という自覚、つまり、罪を犯して悪かったと悟って反省し、罪のない人間に生まれ変わらせることを主眼とすべきであると解しています。

以上の思考を総合して、私は、私の理論的立場を人格的刑法学と名づけているのです。

Ⅱ　刑法学の基礎としての海軍生活での体験

学徒出陣

人間についてのこのような認識は、実は、私の第二次世界大戦末期の二年間の海軍生活の体験が基礎となっています。人間というものをどう見るかということは、私自身の切実な体験から出発したものなのです。

太平洋戦争の末期に、「学徒出陣」ということがありました。それまでは、徴兵猶予といって、二〇歳になれば兵役の義務があったのに、大学生は二五歳まで、専門学校生は二三歳まで、徴兵するのを延期して勉強をさせるという制度があったのですが、当時の東条内閣は、その制度を改めて、文科系の学生だけには、二〇歳で軍隊に入ることを命じたのでした。

今でもテレビなどで時々放送されますが、東京では、一〇月の末ごろ代々木の陸軍の練兵場に、関東近辺の出陣させられるべき大学生約三万人が集められ、東条総理大臣の前での分列行進を命じられたのでした。その写真はあちこちに残されていますし、皆さんもご承知と思います。私も、それに参加させられました。そして、当時、私は満二〇歳になったばかりでしたので、徴兵猶予とは関係なく、そのまま兵役義務に服したのでした。

横須賀第二海兵団へ入団

翌一一月に、私は郷里に戻って、徴兵検査を受けました。そして、検査に合格したのですが、志望の兵種を申し出よといわれて、「陸軍歩兵」と書いて出しました。私の生まれた群馬県は、海とは全く隔たっており、県のほとんど四分の三は山岳的地域で、かなりの高さの山や、山ではないが、一応の高地であり、県内の軍隊といえば、高崎の歩兵第一五連隊が唯一の陸軍部隊であって、海軍とは全く関係がありませんでした。

ところが、その徴兵検査を終わってしばらく後の一一月の末頃、村役場の徴兵係員が私の家に参りまして、「召集令状をお持ちしました」と言って渡してくれました。一枚の紙に、私に対して、「海軍二等水兵として横須賀第二海兵団に入団を命ず」と書かれていました。読んでびっくりしました。私は水泳は全く未経験でした。当時の群馬県では、水泳を学ぶチャンスは乏しく、川は利根川の上流で、急流ですし、プールもごくわずかしかありませんでした。水泳などできない人ばかりでした。それなのに海軍に入れとは死ねということではないかととっさに思いました。しかし、辞退することはできません。一二月一〇日に横須賀第二海兵団に入団しました。

その時、私は中央大学法学部の二学年生になったばかりでした。当時は一〇月からが新年度で、その新学期を迎えたばかりの学徒出陣でした。そして、横須賀第二海兵団では、大学別に分隊が編成され、中央大学を中心として他の大学を含んだ約一六〇名が一個分隊とされました。海軍の分隊というのは、大体、陸軍の中隊に当たりました。私は、その分隊で二等水兵としての基礎教育を受けたのです。海軍の水兵としての基本的任務について、毎日相当な訓練が行われたのでした。また、その間に、士官採用試験があり、数科目について、何日かにわたって受験したのでした。そして、昭和一九年の一月の末に、横須賀鎮守府司令長官が出席して、海兵団の二等水兵の修了式典が行われました。式典の終了後、われわれ新兵は、各分隊に戻り、分隊士である兵曹長から士官採用試験の結果を説明されました。「お前達のこれからの行先を発表する」と言って、まず、「海軍飛行専修予備学生として霞ヶ関航空隊に入隊を命ぜられる者、誰々、誰々」と名前を上げられました。三〇人ぐらいあったかと思います。次に、通信専修予備学生、陸戦専修予備学生など、幾つかの種類の予備学生が呼ばれました。私は、その士官採用試験には、自分ながら、かなりよくできたと思っていたのに、なかなか呼ばれませんでした。一〇〇人を越えても、まだ私の名前はあがりません。おかしいなと思いながら聞いていましたが、最後に、「海軍主計見習尉官として海軍経理学校に入校を命ぜられる者」として、一人私だけの名前を読み上げ、「以上」と言って終わりました。約四割の人は名前を呼ばれなかったのです。これは、士官になれなかったわけです。私一人が、一六〇人中たった一人主計見習尉官と言われたのでした。私が呼ばれた時、皆びっくりしたように私の顔を見ていました。

海軍経理学校へ

それから、三日後の二月一日から、私は、海軍経理学校品川分校という新しくできた経理学校に移されました。そこで、新しい訓練が始まったのです。この訓練は、類稀れな厳しい訓練であったと私は考えています。

厳しい訓練

冬は、午前六時、夏は、五時三〇分に、起床ラッパと同時に飛び起きる。そして、それまで寝巻きを着てベッドに寝ておったのを、寝巻きを脱いで畳み、ベッドの毛布も布団も整理する。それから、軍服に着替えて外へ飛び出す。これを起床ラッパが鳴り始めた時から三〇秒以内にせよといわれました。それは、駆逐艦や潜水艦など一発の魚雷を受けても轟沈することが多いが、その場合でも、三〇秒以内に艦外に飛び出せば助かるとのことであり、そのような場合を考えての訓練だと聞きました。しかし、容易なことではありません。二、三分かかるのが普通だったと思います。

そして、支度をして外へ飛び出すと、入り口に分隊士が立っていました。分隊士とは、教官の一人で、分隊を統率する分隊監事を助ける立場にある人で、当時主計中尉でした。そして、走っていって、分隊士に敬礼すると、分隊員は一五〇名でしたが、最初の五〇名に対しては分隊士は答礼してくれるのですが、五一番から一〇〇番までには答礼せず、「急げ、急げ」と言うだけ、そして、一〇一番から一五〇番までには、答礼どころか、いきなり拳骨でほっぺたをぶん殴る。つまり、最後の五〇名は毎日殴られるわけです。朝からこういう猛烈なしごきがありました。

そして、校庭で朝礼を済ませますと、それから約一時間の駆け足、あるいは、カッター漕ぎを行い、それが終わると、分隊に戻って朝食をとる。次は、午前八時から一二時まで四時間の午前の授業、そして、昼休みに入り、昼食を食べ、午後一時から四時まで三時間の授業、その後、課外授業が二時間あって、六時に終わる。それから、夕食を食べて、七時から一〇時三〇分までの三時間半、温習を行う。兵学校では「自習」といっていましたが、経理学校は「温習」と呼びました。教室の自分の席に座って、その日に習ったことを復習するか、あてがわれていた教科書、参考書について自習する。各自、その時間を真剣に過ごすことが必要とされました。

それから、一一時に巡検ラッパが鳴りました。巡検とは、就寝前に隊の副長、経理学校では副校長が隊内の要所を巡回して、点検する海軍の一般的制度でした。巡検中、隊員は全部ベッドに入って横になっている建前であり、ただ巡検当番だけが所定の場所に立って、回って来る副長に敬礼し、質問があれば答えるのです。私は、巡検ラッパで横になると、すぐに熟睡に入る毎日でした。

教室で受ける講義は、七時間の中、毎日三～四時間でしたが、海軍の主計科士官に必要な海軍の基本的な法令、諸制度、それから、庶務や会計についての一般的な原則や方法などを習いました。そして、栄養学の講義もありました。当時、栄養学は、女性には学ばれていましたが、男性が習うことはほとんどなかったと思います。だが、主計科士官は隊総員の食事の管理もしなければならないということで、とくに栄養学も教わったのでした。

そして、校庭や教室外で行われる授業としては、体操、銃剣術、軍刀術（これは、軍刀で人を切る練習をするのです。）、それから、陸戦、カッター漕ぎ、手旗などがありました。また、課外授業としては、さらに軍歌、相撲、陸戦、カッター漕ぎなどを毎日のように強行されました。ほとんど体力の限界まで訓練させられたのでした。

なお、校外で行われた教育訓練もいろいろありました。行軍で一日中歩いたこともありました。水泳訓練も、千葉県の海岸を二日間走り回ったこともあります。陸戦訓練で神奈川県の海岸で二日間行われました。また、短艇を漕いで羽田空港の南に回り、多摩川内を少し上り進んだ訓練もありました。なお、戦艦への乗艦訓練や軍港、造船所、航空機工場を見学して実地の状況を学び取らせる諸種の訓練も行われたのでした。

数々の制裁

それから、人間性を高めようとする見地からの制裁が加えられることも少なくありませんでした。

例えば、校内で整列させられたときに、軍服の裾にきちんと筋が通って折られていないと殴られました。「海軍士官たる者が何たる格好か。国の恥だ」などとよく言われました。また、突然集合を命ぜられたときに何かの都合で少しでも遅れて来た者に対しては、「そんなことで貴様には部下の指揮ができるか。部下はついてこないぞ」と殴られるのです。

こんなこともありました。ある朝、駆け足で品川の校舎から約二キロメートル離れた高輪の泉岳寺まで行きました。一同は、赤穂義士の墓にお参りした後、すぐ隣にあった公園で、「一〇分間の休憩を許す」と言われて、皆競争でベンチに座り込んで休んでいました。私も、座りたかったのですが、もう席がなかったので、仕方なく立っていました。それから、一〇分後に、また、駆け足で経理学校に戻って校庭に整列したときに、引率していた分隊士が、「あの公園でベンチに腰掛けた奴がいた。あんな汚いベンチに腰掛けるとは海軍士官として何事か。座った者は出てこい」と言われました。三〇人ぐらいの者が前に出て行きました。一人二発ぐらいずつぶん殴られました。ところが、出て行かなかった者もいたのです。しかし、分隊士はその者の名前をちゃんと覚えていたのです。その名前を呼んで、「貴様はあそこに座っていたじゃないか。それなのに出てこないとは一体何事か」と言って引き出し、二〇発ぐらい殴りました。その男は、ぶっ倒れました。彼は、戦後、某省の大臣にまでなった人ですが、こういう激しい訓練もあったわけでした。

ほかに、訓練の厳しさについては、行軍に行って体力を失い、帰ってきて入院して翌朝死亡した人もありました。また、睡眠時間も少なく、熟睡できないため、温習の時間に、つい居眠りをしてしまう者もいました。温習の作業が行われているとき、突然、「パーン」という激しい音が聞こえたので、びっくりして振り向くと、看視に来た分隊士が居眠りをしている者を見付けて殴っていたのですね。こうして、緊張しながらも、毎日のように殴られる生活でした。おそらく海軍の訓練でも、最も厳しかったのではないでしょうか。

もう一つ、想い出をつけ加えておきますと、経理学校に入校後一ヵ月くらいたった時に、同じ班にいた友人が、「俺は、これまでに殴られた数を一〇〇まで数えたが、あとはやめた。毎日二つ三つは殴られている」と言いました。しかし、私は運が良かったのか一つも殴られたことはありません。朝起きて仕度をして飛び出すのは、いつも一〇番か一五番ぐらいでしたし、それ以外でも分隊士の目にふれずに過ごすことができたのでした。

訓練生活で培った人間性への洞察

ところで、上述した海兵団時代、経理学校時代の訓練生活のうちに、同僚二等水兵、主計見習尉官の人間性について、それぞれ、かなり深い認識を持つことができました。まず、二等水兵としての毎日二四時間の共同生活において、学生時代の友人に対して知っていた人間性は、いわばその表面的なものだけでしたが、二四時間の共同生活では、今まで知り得なかった人間性の裏面までを知ることができました。また、海兵団と比べてはるかに厳しかった経理学校の訓練、すなわち、時には生命の危機を含む猛烈な訓練においては、それに対処する人間性をも知り得たことがあったのでした。

大村航空隊諫早分遣隊へ配属

そして、八月の末に、いよいよ卒業が近づき、卒業後の勤務先の希望を申し出るように命ぜられました。私は、水泳が得意でありませんので、防禦力の強い軍艦に乗りたいと思いました。どうせなら、すぐ死ぬよりは少しでも長く勤務できた方がいいと考えたからです。そこで、「戦艦または一等巡洋艦乗り組み希望」と書いて出したのです。

すると、八月三一日、卒業の直前に、分隊監事の主計少佐が分隊総員を教室に集め、「お前達のこれからの勤務先を公表する」と言って、一人ずつ名前を呼び、配置先を述べられたのですが、私に対しては、「大村航空隊諫早分遣隊付」と言われました。私は、大村航空隊は、それまで、中国との戦争、すなわち、支那事変で、上海辺りへの攻撃をする飛行機が飛び立った基地として知っていましたが、諫早分遣隊は、全く聞いたことのない部隊でした。諫早という地名は、今では有名になりましたが、その当時は、ほとんど知られていなかったのです。分隊監事が、私に対して、「諫早を知っているか」と言われましたので、「知りません」と答えますと、「ちょっと来い」と言われ、教壇の机の前まで行きますと、地図を見せて、「ここが長崎、ここが大村、そして、諫早はここだよ」と教えてくださいました。

諫早分遣隊へ着任―庶務主任に

そして、その翌日の九月一日に経理学校を卒業し、その夜一一時三〇分頃、東京駅発の特急列車で、諫早に向かって出発したのです。それから、ほとんど休みなしで走って、九月三日の朝五時頃、諫早駅に到着しました。駅から諫早分遣隊に電話をかけますと、電話に出た隊員から、「すぐお迎えにあがります」と答えがあり、二〇分程後に下士官が運転する自動車がやってきて、私を隊まで運んでくれました。諫早分遣隊は、最近よくテレビに出る諫早湾の近くにあり、隊舎は、諫早市内から約二キロ離れていたのでした。そのあたりの土地は、以前には、ほとんど水田だったのですが、それを埋め立てて、長さ約二キロ、幅約五〇〇メートルを飛行場にし、その隣の三〇〇メートル四方くらいを隊の兵舎などの敷地として新設されたのでした。

この諫早分遣隊は、飛行練習生の訓練部隊でした。当時「予科練」と略称された海軍飛行予科練習生という兵士がありました。中学の二年生から採用されて、飛行機搭乗員になるために、三年間基礎教育を受けるのですが、それを卒業すると飛行練習生となったのです。諫早分遣隊は、その飛行練習生の飛行訓練を担当していたのでした。

ところで、私が着任したときは、諫早分遣隊では、あいにく、できたばかりの飛行場が梅雨のため水につかってしまい、それを修理する作業が続けられていました。そして、飛行練習生のためには、佐賀県の目田原という土地の陸軍の飛行場を借り、そこで訓練をしておりました。隊員のために、神埼という町の小学校の校舎を三分の一ぐらい借りており、練習生は、そこから、目田原の飛行場まで二キロぐらいの道を、毎朝、駆け足で行って飛行場で練習し、午前の訓練が終わると駆け足で戻り、午後、また駆け足で往復するという行動が繰り返されていました。

私は、神埼の小学校の正門の向かいにあったお寺に泊めてもらい、小学校の講堂を借りての事務室で一ヶ月間庶務に関する事務を担当しました。着任の日に、「庶務主任を命ず」という辞令を受けました。庶務主任とは、会社でいうと、庶務課長、人事課長兼秘書課長というような広範な事務を担当する役でした。経理学校で一通り習ってはいたものの、実際の仕事については、全く知りませんでしたので、初めての任務の重大さを認識しながら、苦心し続けたのでした。

海軍航空隊での共同生活

一ヵ月後に、諫早の飛行場の修理が修了したので、諫早に引き上げました。改めて諫早分遣隊で勤務し、生活することによって、初めて海軍航空隊の実態が徐々に分かってきました。それまで習った軍艦での基本的生活は、例えば、戦艦などでは、艦長室が独立しており、艦長はそこで一人で生活し、副長から分隊長までの上級士官、階級でいうと、中佐から大尉で分隊長の高級士官は「士官室」で、分隊長でない大尉から少尉、候補生、見習尉官は、「第一士官次室」（英語ではガンルームといいます。）で、また、下士官から昇進した特務士官で分隊長にまでいかない人たちは、「第二士官次室」で、それから、兵曹長、すなわち、准士官は「准士官室」で、それぞれ、共同生活をする、これが、軍艦での分割された生活様式でした。

ところが、航空隊ではそうではないのです。准士官以上、最高幹部までの全員が一室で共同生活をするのです。その部屋を「士官室」と呼びます。諫早分遣隊でも、准士官以上は一〇〇名近くおりましたが、その全員が士官室で共同生活をしていました。朝起きて士官室に集まる。食事をする。作業は別々の任務による作業の場所へ出て行くが、昼飯時には戻ってきて食事を共にする。午後はまた作業の場所に行くが、夕飯は士官室で一緒に食べ、夕飯後は、その場で話し合ったりすることも少なくない。休日や休憩時間などにも、士官室で過ごす人達がかなりいる。このような生活でした。

それはなぜかといいますと、飛行機の搭乗員達は空で一緒に戦わなければならないが、それには、お互いの気持ち、人間性を知り合っていなければ適切な戦闘行動をとることができません。それは、軍艦の乗務員の艦内での戦闘行為とは違うのです。そこで、搭乗員同士の人間性を知り合うために、このような士官室の制度が設けられたのです。

「海軍航空隊庶務主任執務提要」

私は、経理学校の教育で、艦艇生活の概略は学びましたが、航空部隊については全く教わらなかったところから、このような航空隊の実情を見聞しつつ、航空隊に関する諸法令を改めて勉学することとしました。昭和一九年の一〇月から一二月までの三ヵ月間、夕食後の午後七時から一二時までの五時間をほとんど毎日、庶務主任室に閉じこもって勉強したのです。

その成果を三〇〇ページぐらいのノートにまとめ上げて、「海軍航空隊庶務主任執務提要」

と名づけ、机の上に置きました。それができてからは、仕事がかなり楽になりました。それまでいろんな質問を受けても答えられなくて、困ったことが多かったのです。「しばらく待ってくれ」と言って相手を待たせ、法令を出して調べたり、じっくり考えてみたりしました。諫早分遣隊はできたばかりの部隊なので先例がなく、初めての問題が多かった上に、誰に聞くのも困難な実情もありました。しかし、この執務提要ができてからは、余り困らなくなりました。法令の規定に関する質問には、すぐ答えられるようになりましたし、定めのない問題についても、何とか考えて答えることができて、大分、仕事に自信がついたのでした。

新司令から命じられた「増産主任」

その後、昭和二〇年の三月末、諫早分遣隊は、独立の諫早航空隊に昇格しました。それまでの分遣隊長は、大阪軍法会議判士に転出され、代わって、新しく中佐の司令が着任されました。この方は、太平洋戦争の開戦後間もなく、零戦、すなわち、零式艦上戦闘機約一〇〇機で構成された航空隊の指揮官として、ラバウルに進出し、ガダルカナル島との戦闘に尽力されたのでした。その零戦が次々に撃墜されて、航空隊が解隊されるに及び、新しくできた諫早航空隊の司令に転勤されたのです。この方は、中佐でしたが、体調を崩して一年程休職したために、同期の人達が大佐に進んだのに、中佐にとどまったとのことでしたが、非常に有能で、部隊の指揮は抜群だったという評判でした。

その方が着任して、隊総員に挨拶された翌日、突然、私を司令室に呼ばれました。伺いますと、司令は、「この航空隊は、飛行場が広過ぎる。長さ約二〇〇〇メートル、幅約五〇〇メートルあるようだが、滑走路の幅は約一〇〇メートルあればよい。つまり、二〇〇〇メートルの長さで一〇〇メートル幅の滑走路を残してあとは全部畑にする。その畑で、隊総員が余った時間に農作業をやる。できた野菜類は隊総員で食べればよい。ついては、君にその総指揮をやってもらいたい。『増産主任』という役を作って、君に庶務主任とともにこの役職に就任してほしい」と言われました。

私は驚きました。農業などやった経験はありませんし、当時の諫早航空隊隊員中下士官兵は全部で一七〇〇人程でしたが、その総員を指揮して農耕作業をするのは、どんなに大変なことだろうと思いました。しかし、食料としての野菜が不足勝ちの折柄、極めて有意義な作業であると考え、忙しい庶務主任の仕事の傍ら、どれだけのことができるか分かりませんが、やれるだけやってみようと思い、「はい、お受けします」と答えました。

滑走路を畑に変えての農作業

新司令は、ラバウル基地での戦闘中、食糧不足から、自隊で食料を作って補給させていたご体験から、諫早航空隊に着任して広い飛行場の空き地をご覧になり、農耕作業の必要なことに着目され、直ちに実行を命じられたのでしょう。

それからは、私にとって大変な日々でした。飛行場の空き地を各分隊に分割し、隊員に必要な食料としての種々の農作物を分担して生産させることとし、その種子や苗を入手してそれぞれの農地に植えさせました。そして、各分隊員に対して、本務担当外の時間にその耕作を命じたのです。

また、農耕作業の指導者として適任者を探したところ、整備兵の中に農業学校出身者がちょうど一〇人いましたので、その一〇人の任務を飛行機の整備作業から農耕作業に転じさせ、増産主任の直属としました。そして、一〇〇メートル四方ぐらいの土地を模範農場とし、そこで、午前中は、彼ら共同で野菜を作らせ、午後は、分担して各分隊の農場を見回り、耕作を指導せよと命じました。

それから、豚を飼おうということになり、種豚として、雄豚を一頭、雌豚を二頭、大きな豚を飼いました。そして、整備兵の中に民間で豚飼いをしていた兵隊が一人いたので、それを増産主任直属の豚飼い係としました。私は、何度かその豚飼所を見に行きましたが、夜中にもその係員が豚と一緒に寝ていたことにびっくりしました。非常に熱心に働いており、最初は三頭だったのが、終戦時の八月には二〇頭にまで増えました。

特攻隊員の志願現場での立会い

新司令の着任三日後の昼過ぎ頃、副長が私の執務室に来て、「当隊はこの度特攻隊に編成替えされる。ついては、特攻隊員を定めるから、本日、午後六時、君に立ち会ってもらいたい」と言われました。私の担当する庶務主任は人事課長にも当たる役職なので、人事問題についての責任も負担するのでした。そこで、夕刻六時に第二士官室に参りますと、既に准士官以上の航空機搭乗者だけ約四〇人が整列していました。私は、一人で少し離れた所に立っていますと、間もなく、副長が入ってきて、壇上に立ち、「当隊は、このたび特攻隊に編成替えすることになった。ついては、君達に特攻隊員を引き受けてもらいたい。今から名前を呼ぶから、承諾するかどうか答えてくれ」と言い、先任者から順次名前を呼ばれました。すると、最先任の大尉が、「お受けいたします」と答え、続いて、次々に呼ばれた整列者全員が、受諾したのでした。私は、びっくりしました。二、三名は断る人もいるかと思っていたのに、誰も断りませんでした。特攻隊は、当時はかなり有名になっていましたが、一〇〇パーセント戦死するその特攻隊員を総員が引き受けたのです。副長は、「それでは、よろしく頼む。以上、解散」と言って帰られました。

私は隊員達の顔を見ながら、一言もしゃべることができず、一緒に部屋を出て自分の部屋に戻りました。しかし、あの人達は一体どういう気持ちになっているのだろうかと思い悩みました。そして、明くる日から、その人達と士官室での共同生活が続けられたわけですが、次第に、この人達に行動の変化があらわれました。そこには、個人差が歴然とうかがえたのでした。平然として変わりもなく、悠々と過ごしている人も何人かいたのに対して、精神的に弱り切ったような人、時々怒り狂ったように部下をめちゃくちゃに殴りつけたりする人、何かあると不平を言い、食ってかかるような人など、人間的な変化がうかがわれました。これは、特攻隊員達の精神的な苦悩の表れだと思われましたが、特攻隊員外の人達は、特攻隊員達に遠慮しつつ、共同生活をしばらく続けざるをえなかったのでした。

九三式陸上中間練習機と訓練事故

諫早航空隊の特攻機は、練習航空隊だったところから、練習機でした。九三式陸上中間練習機、略して九三中練と呼ばれていましたが、その練習機が約一〇〇機あり、特攻隊員も前記の准士官以上のほか、下士官の隊員も加わり、一機一名ずつとされました。九三中練の性能は、零戦などとは比べるべくもなく劣りましたので、特攻隊の攻撃も専ら夜間に行われることとされていました。それ故、特攻訓練も、夜間に二五〇キロの爆弾を抱えて、低空飛行をし、敵艦に体当たりする練習を続けたのです。

ところが、訓練開始後、間もない頃、残念な事故が起こりました。特攻隊員五名が、諫早市の北方にある多良岳という山に衝突して死亡したのでした。これには、驚き、悲しみました。多良岳という山は、私の郷里の赤城山によく似た形の山でした。私の郷里の群馬県には、上毛三山といって赤城、榛名、妙義という三山がありますが、赤城山は私の家から真北にあり、一八〇〇メートルを超え、三山の中で一番高い山です、多良岳は、一〇〇〇メートルぐらいで、高さは赤城山の半分ぐらいですが、形がよく似ているのです。私は、多良岳を眺めて赤城山を思い出しながら、毎日を過ごしていたのですが、その多良岳に衝突して五人が死んだのでした。

海軍葬儀

翌朝、副長が、私の執務室にやってきて、「庶務主任、死亡した五人の海軍葬儀をやるのだが、君よろしく頼む」と言われました。私は、海軍葬儀など出席した経験もないのに、いきなり執行を頼まれて、全く閉口しましたが、私の担当している庶務主任は、人事課長も兼ねているわけですから、やらざるを得ません。どうしたらよいだろうかと考えましたが、諫早には、佐世保海軍病院の分院があったはずだ。病院ならば、沢山の死者に対処しているだろうから、海軍葬儀についても、弁えているだろうと気付いて、隊内の機関科へ電話したところ、すぐ機関兵曹が車で私を迎えに来てくれたので、それに乗って諫早分院に行きました。そして、分院の庶務室に入りますと、庶務係の主計兵長が私の顔を見るなりびっくりしたような顔をして、

「隊長、しばらくでありました」と私に挨拶したのです。私は隊長などと呼ばれる理由はないのに、どうして隊長なのかと思って、「なぜ私が隊長なのか」と聞きますと、「経理学校で指揮していただきました」と答えました。

そう言われて、思い出しました。経理学校の陸戦訓練で、私どもは、神奈川県の海岸で、二日間の演習をしたことがありました。一日目は、見習尉官だけで、終日、海岸を走り回ったのでしたが、二日目には、兵士の指揮を行う訓練がなされたのでした。経理学校では、下士官兵も教育されており、下士官を対象とする高等科練習生と、上等兵、兵長を対象とする普通科練習生とがありました。演習二日目に、私どもは、普通科練習生約三〇人ほどで組まれた小部隊の指揮を命ぜられ、その人達を率いて半日間突撃の訓練を行ったのでした。私は、その間、前進しながら兵士に突撃を命じ、自分も一緒に走るだけで、兵士三〇人の名前はもちろん、顔もじっくり見る余裕がありませんでした。しかし、兵士の側からは、私を半日も見続けている間にすっかり顔を覚えたのでしょう。それで、隊長しばらくでありましたという言葉が出たのだと気付きました。

そこで、その主計兵長に海軍葬儀のやり方を尋ねますと、標準的な資料を出してくれました。それを借りて、航空隊に戻ってから、その資料に従って案を作り、総員集合から始まって、弔銃、これは、死亡者を弔うために小銃で空砲を撃つのです。それから、参礼者が順次、英霊にお参りするのですが、そのとき、「司令弔辞」といって、あらかじめ作られた弔辞を司令が読み上げる儀礼も行われるのです。私は、分院から借りてきた例文を基にして、諫早航空隊の今回の葬儀に合うように修正を加えて書き直し、筆で清書して、司令の許にお持ちし、「これをお読みいただければ」と申し上げたところ、司令は、快諾され、当日、そのまま読んでくださいました。

死亡した隊員達は、皆、岩手県の出身でして、集まった家族の方々は、司令の弔辞に泣き出すような様子も見せられました。この葬儀の取り仕切り、式典の維持、推進は、全く未体験の私が責任者として担当したのですが、幸い停滞や不平もなく、終了させることができました。初めての体験なのに、よくできたと我ながら感激したのです。

壮年兵に対する新兵教育

次は、新兵教育です。新兵といっても、二〇歳ぐらいの青年兵士ではありません。当時の社会事情から不足した兵種の兵士を補充するという意味があったのでしょうが、四二歳の壮年であった五名が、二等主計兵として召集されて来隊したのです。それぞれが会社の下級幹部などでした。そして、私がその教育主任を命ぜられたのです。庶務主任兼増産主任であった私には、余裕の時間はほとんどありませんでしたが、毎日一時間ぐらいを捻り出して、教育主任の任務に当たったのでした。海軍生活の基礎を教えるのが主眼でしたが、国語のテキストを与えて読ませたり、私が引率して一日中歩き回ったことなどもありました。しかし、大要は、下士官の援助を受けたのでした。ただ、自分の親にも近い年齢の新兵教育には、人間性の認識について新しく変わった成果が得られたのでした。

庶務主任から給与主任へ

ところで、諫早航空隊は、間もなく、新設された第五航空艦隊に編入されました。この第五航空艦隊は、九州に配置された特攻部隊であり、司令長官は、太平洋戦争の真珠湾攻撃のときに連合艦隊の参謀長であった宇垣纏少将が中将に進級して就任されました。大分に根拠地を置き、九州所在の各特攻部隊を総括指揮されたのでした。航空艦隊といっても、船は一隻もなく、全部航空隊であって、その九割までが特攻隊であり、残りの一割ぐらいが特攻隊を守る部隊だったのです。第五航空艦隊の任務は、主に沖縄戦であり、各隊を鹿児島県の鹿屋基地に集合させ、そこから、沖縄へ突撃させたのでした。

諫早航空隊でも、二〇年の六月、司令引率の下に、特攻隊員の半数ぐらいが鹿屋基地へ進出しました。そして、諫早の基地には、朝鮮の済州島航空隊が移動し、司令の大佐が諫早航空隊の司令を代行しましたが、私も、それと同時期に、それまでの庶務主任に代わって、給与主任という役に就任することを命ぜられました。これは、会社でいえば、会計課長であり、金銭を扱う係です。給与主任の直属の部下は、下士官兵一〇名ほどでしたが、この人たちと一緒に諫早航空隊の最後に立ち会う役を担当することとなったのでした。

「軍機」から知った戦争の実態

ところで、その前、庶務主任在任の末期に、私は非常な苦しみに悩まされました。第五航空艦隊の司令部や連合艦隊司令部などから頻繁に機密書類が届いたのです。海軍の機密には、数種類のものがありましたが、最高機密は「軍機」といい、その下に、「軍極秘」、「極秘」、「秘」「部内限」という段階の機密がありました。そして、「軍極秘」以下の機密は、庶務係では、下士官でも見ることができ、そのような書類が届けられた時は、庶務の先任下士官がそれを受け取り、開披して、整理した上、庶務主任に渡します。庶務主任は、それを点検して、要閲覧者を指定し、それを庶務の係員が指定された人達に見せるのです。しかし、「軍機」の指定のある書類は、下士官は見られないこととされていました。二重封筒の外側の封筒を開くと、中に軍機という判を押した第二の封筒が入っており、軍機書類はその中にあるのです。そのような封筒が届けられた時は、担当の下士官が「軍機書類参りました」と言って、庶務主任である私のところに持ってきます。私は、中の封筒を開き、文書を見易いように調えた上、司令と副長の処へ持参するのです。

司令の部屋に行きますと、司令は、机に向かって合掌しておられることがよくありました。ガダルカナル戦で戦死した多数の部下達の位牌を机上に置かれていました。私が、「軍機書類が参りました」と言ってお見せすると、司令は、それを熟読された上、閲覧の印鑑を押して、「副長に回してくれ」と言って返されます。私は、次に、副長室に行って、同じようにお見せすると、副長も、それを熟読した上、閲覧の印鑑を押して返されます。それから、その書類は、私が預かって、庶務主任執務室内の機密書類箱に入れ、鍵をかけて保管します。このような作業を毎日のように行ったのでした。

軍機書類の内容は、軍の作戦命令やそれに関連する戦況などが多かったのですが、軍の最高機密として、通常、一般の士官達には知らされませんでした。諫早航空隊でも、階級が私より上の人はかなりいたのです。私は、当時主計少尉でした。中尉、大尉、少佐の階級の人達約三〇名は、私より階級が上だったのに、軍機書類は、一般には見られませんでした。

しかし、これらの書類を読んでいるうちに、私には、それまで軍隊内にも隠されていた戦況の実態が次第に判ってきたのです。そして、これでは、特攻隊員達がどんなに献身しても、戦争を勝利に導くことは全く不可能である。政府や軍の総指揮者は、この愚かな戦争をいつまで続けるつもりなのか、このような気持ちを強く抱くに至りました。しかし、このことを話し合える人は諫早航空隊にはおりません。司令・副長とは年齢も、階級も違いすぎますし、年齢・階級も近い青年士官達には、軍機に当たる事実を告げることは許されません。私は、一人で悩み、苦しみました。こんな愚かな戦争を続けている軍隊からはすぐにも逃げ出したいという程の気持ちにもなりましたが、逃げるわけにはいきません。危難に遭えば身を挺し私をかばってくれるような真摯な純情溢れる部下達を捨てることなどできるものではありません。ただ、一人で悩む、精神的苦難の時期がしばらくあったのでした。

しかし、給与主任への転職は、このような気持ちを和らげることになりました。軍機書類の取扱い役を解除され、新しい軍機書類に接し得なくなったこととともに、全く未体験の新職務の遂行に全力を尽くさざるを得なかったからでした。そして、増産主任は依然継続させられました。

終戦直後でのある出来事

ところで、思い出した事件があります。終戦直後の八月一七日のことでした。私は、用事があって隊内の農場の丈の高い野菜畑の中を歩いていたのですが、突然、女の声で、「助けてください」という激しい叫びと悲鳴が聞こえたのです。航空隊の敷地内で女の叫び声が聞こえるなど何事だろうと、私がそちらへ足を向けて行きますと、もんぺ姿で、百姓着を着た五〇歳ぐらいの農婦らしい女性が、死に物狂いの様相で走ってきました。そして、その五メートルぐらい後を一人の若い兵士が日本刀を振りかざして追いかけてくるのです。何かどなっています。私は、驚いて大声で、「どうしたのか」とその兵士に聞きますと、兵士は私を見てびっくりし、そこに立ち止まって、敬礼しました。そして、「あのばあさん、私どもが命がけで作った農作物を盗もうとしたんです。許せません」と言いました。私は、驚きました。私は増産主任として、農耕兵達を指揮して農業をやらせたのですが、農業を担当している兵士がこれほどまでの真剣さをもってやってくれていたことをその時初めて知りました。その兵士は、飛行兵でした。諫早分遣隊の時期には、飛行練習生として訓練を受けていたが、諫早航空隊になって、特攻隊に編成替えされた後は、教官だった人達が特攻隊員となったため飛行訓練が受けられなくなり、新たに命じられたのは、農耕作業などとなってしまったのです。もともと、皆、決死の覚悟で飛行機乗りを目指した人達でしたから、その覚悟は、やむなく農作業に転向させられても続いていたのですね。こうして、農作業をしっかりやって隊に奉仕しようとしたこの飛行兵の本当の気持ちを改めて認識することができました。しかし、戦争は終わったのです。私は、飛行兵に対して、「君達の気持ちは立派だった。しかし、戦争は終わったのだ。許してやれよ」と言いますと、飛行兵は、「はい、分かりました」と答えて、兵舎の方へ戻って行きました。一方の逃げた農婦は、もう五〇メートルぐらい先を必死になって走っていました。要するに、農家でも、食べ物が不足していたので、戦争が終わったから、近くの軍隊の作物を盗んでもよいかと思い、隊内へ入ってきたのでしょうが、それに対する兵士の気持ちを如実に示した出来事でした。

戦争末期の決死的戦闘訓練

なお、部下達との決死的な戦闘訓練の体験もあります。先程の軍機書類とは無関係ですが、その頃の一般報道によっても、特攻隊も次々に自滅してゆき、残りは数少なくなるに及び、アメリカ軍の九州侵攻が行われるのではないか、そして、戦車部隊がやがて九州に上陸してくるのではないかということが知らされましたが、各部隊では、その場合の対処はどうすべきかが問題とされたのです。まず、考えられたのが、対戦車攻撃でした。諫早航空隊では、私も、部下を率いて、その対戦車攻撃訓練を行いました。それは、戦車が上陸して走行して来ると予測される道路の隅に穴を掘り、その中に、兵士が潜って隠れ、戦車が走って来ると、その直前に飛び出して、破甲地雷をキャタピラーにかませる。すると、地雷が爆発してキタャタピラーが切断され、戦車は動けなくなる。そこで、兵士が戦車に飛び乗って天蓋をあけ、中へ手榴弾を投げ込む。それ一発で、戦車の乗員全員を死傷させるという訓練でした。ただ、破甲地雷には現物はなく、二メートルぐらいの長さの竿の先に小型爆弾の模型を取り付けて訓練用の道具としていたのでした。

私は、一〇〇人程の部下を率いてその訓練を行ったのでしたが、部下達の行動を見ていて、非常に不安を感じました。穴から飛び出したときに、敵戦車からの機銃射撃を受けることはないだろうか。自分の投じた破甲地雷の爆発によって部下達自身が負傷したり、死亡したりすることはないだろうかということでした。そして、破甲地雷を投棄した後は、部下達には手榴弾のほかに格別の携帯兵器はないのですから、戦車の後方から追随してくるであろう敵の部隊に対しては、対抗することは不可能でした。そして、それは、私自身にも当てはまりました。指揮者の私が携えていたのは、軍刀一振りと拳銃一丁だけでした。これでは、戦争はできません。それは、練習航空隊だった諫早航空隊には実戦用の兵器はほとんどなかったからでした。それ故、アメリカ軍の戦車や部隊と直接戦うときは、我々は戦死するよりほかなかったのです。私は、この対米戦車戦の訓練を指揮して、部下達と共に全員戦死を覚悟せざるを得なかったのでした。

終戦。──直後の戦後処理作業

しかし、予期せぬ終戦を迎えることができました。八月一五日でした。私は、しばし呆然としていましたが、すぐに戦後の処理作業が待っていました。部隊の解散と兵員達への退職金の支給でした。そして、司令をはじめ、隊の幹部達や特攻隊員の半数は、鹿屋基地におられて、連絡できません。終戦直後の私の作業は、すべて私自身の独断で行わなければならなかったのでした。終戦三日後に、佐世保鎮守府から、隊総員への退職金を渡すから取りに来るようにとの連絡がありました。そこで、機関兵曹の運転する乗用車に乗り、給与係先任下士官を伴い、半日がかりで佐世保まで行き、当時のお金でかなりの大金を受け取って諫早に戻りました。そして、翌日、そのお金を給与係員数名とともに銀行に行って細かく分割両替をし、さらに、翌々日の午前中までに隊員に支給し得るように分別整理した上、午後一時から隊総員に退職金として手渡しました。隊に残っていた特攻隊員を初めとして、各隊員を一人ずつ呼んで、各人に相当額のお金を渡し、領収書を受け取りました。慎重に行われた作業なので、隊総員に渡すにはかなり時間がかかりました。事務を担当したのは、私の部下の給与係総員ですが、とくに命じたわけでもないのに、農耕作業について私の部下となっていた農耕兵の一〇名も、好意的に集まり、監視作業などを手分けして手伝ってくれました。そして、夕方五時頃になったので、皆おなかがすいたろうと、食事を用意してくるように部下を烹炊所に行かせたのですが、既に、烹炊員の全員が退去しており、我々はやむなく空腹のまま作業を続けざるを得なかったのでした。こうして、夜の九時近くまでかかって、ようやく終了しました。そこで、部屋に居た全員を整列させて、「本当にご苦労だった。これをもって、諫早航空隊は解散する。諸君は、これからも、体に気をつけてしっかり生きていただきたい」と言って、別れました。

帰郷するも翌日再び諫早へ

それから、私は、隊内の自分の部屋で寝ようと思って、部屋近くの廊下へ行くと、ごろつきのような風体の連中がうろうろしていたので、こんな奴らといさかいを起こしても困ると考えて、隊から出て終戦の日まで給与係事務室として借用していた近くの町内会長のお宅へ伺い、一晩泊めていただき、翌日、列車で諫早を出発して、四日がかりで郷里の前橋へ帰りました。両親は、私が無事に帰ったことを大変喜んでくれましたが、両親の所に居られたのは一晩だけでした。明くる日に、司令からの電報が届きました。「残務整理あり。至急帰隊せよ。諫早海軍航空隊司令」との文面でした。鹿屋から諫早に帰られた司令が航空隊についての残務整理の必要を感じられたのでしょう。私は、驚いて、早々に前橋を出発し、三日後に諫早に戻ったのでした。その時の瀬戸内海側の海岸では、広島が原爆でやられていましたから、安全な日本海岸を通ることにしたのですが、こちらも、その直前の台風で山陰線に被害を生じており、数駅間を船で渡らされました。

ところで、諫早では、諫早航空隊の隊舎も隊の用地もアメリカ軍に占領されており、司令達は、やむなく諫早市内のある日本旅館を借り切り、二階の広間を使って、残務整理作業を行っていました。司令は、中佐から大佐に進級され、新しい階級章をつけた軍服姿で、その部屋の一番奥に座り、事務執行の指揮をしておられました。私も、主計少尉から主計中尉に進級したことから、軍服の階級章を変えました。そして、その部屋の中央に給与主任の机を用意してもらい、集められた数名の部下達とともに、残務整理作業に関わりました。作業は、戦争中の民間との交渉で未解決だったものの処理などとともに、隊総員への退職金の追加支給を行うことなどでした。退職金の追加支給は、隊総員を順次呼び出して、直接手渡すのでしたが、その際、久々に会った隊員と短時間にせよ話し合うなどしたため、かなりの時間を要しました。こうして、全作業が終了し、残務整理事務所が解散されたのは、一二月一〇日でした。それは、偶然にも、私が海軍に入隊したのと同日だったのです。つまり、私は昭和一八年の一二月一〇日に海軍に入り、昭和二〇年の一二月一〇日に海軍を終えたのでした。

軍隊生活での様々な人との出会い—多様な人間性を学ぶ

こうして、私は、丸二年間、海軍に勤務したわけで、その間に色々な人と色々な形での接触がありました。特に諫早航空隊での庶務主任は、実質上、人事課長でもありましたから、多くの人達と接する機会があったわけです。また、同僚達との共同生活、とくに死に物狂いの訓練を受けつつの共同生活は、経理学校での七ヵ月の間、毎日二四時間続けられたのでした。その前の二等水兵としての海兵団での共同生活も、それ自体としては、厳しい訓練でしたが、経理学校での作業と比べれば楽なものでした。しかし、人間性の裏まで見える生活を五〇日間続けたのでした。そして、諫早に着任した九月からは、それまでの同僚だけではなく、多数の部下達とも生活を共にした一年三ヵ月だったのです。

このように、私は、種々の機会に色々な人達と接したことによって、多くの人間性を学んだのでした。偉い人もいる、よくない人間もいる。そして、その実質は誠に多様であることを知ったのです。

目の当たりにした「銀蠅」現場

一例をお話しましょう。海軍では「銀蠅（ギンバエ）」と呼ばれる悪行がありました。これは、烹炊所に行って食べ物をねだり、隊員たちの上前をはねることです。経理学校時代までは、銀蠅の名は聞いていましたが、実際に見たことはありませんでした。しかし、諫早に行ってから、私は、二回その実態を直視したのでした。その一度目は、朝の五時に目が覚めたので、烹炊所へ行ってみました。私は、庶務主任でしたが、庶務、会計、衣服、糧食は、主計科の担当事務であり、それらを扱う隊員は、すべてが主計科分隊士としての私の部下なのです。主計科の分隊員総員は一二〇人ぐらいでしたが、そのうちの一〇〇人ぐらいが烹炊員で、航空隊全員の食事を作る係です。私は、平素は余り会うことのない部下達の勤務状況も見たいと思って、烹炊所に行ったのです。すると、下士官は一人もおらず、一五名ぐらいの兵だけが、その日の当番だったのでしょう。それぞれが手分けをして朝食を作っておりました。私は、数分間見ているうちに、手伝ってやろうという気になって、傍らで働いていた兵士に、「俺にも手伝わせろ」と言ったら、すぐ席を作ってくれました。しかし、私は海軍主計少尉の軍服を着ていたので、このままで作業をするのはまずいと思い、「烹炊員の作業着はないか」と聞いたら、「烹炊員長の作業着が今あいていますが」と答えたので、それを借りて軍服の上に羽織りました。烹炊員長とは、上等主計兵曹で、烹炊員の最先任者ですが、その時間には休んでいたのです。私は、その烹炊着を着て、見たところ全く烹炊兵と同じ格好で、沢庵を刻んでいたのですが、しばらくすると、一人の二等整備兵曹が、突然、烹炊所に入って来て、作業中の烹炊兵の一人に何かごそごそと話しているのです。その烹炊兵は困り切った顔をして私の方を見ています。どうしたのかと思って、私が「何か」と声を出しますと、その二等整備兵曹は、驚いたように走り去りました。彼は、朝食作りの烹炊員は、皆、兵ばかりだと思っていたのでしょう。私が烹炊着を着ていたので兵にしか見えなかったし、年も当時二二歳になったばかりでしたから、兵と変わらない。しかし、よく見ると帽子の記章が違う。兵や下士官の帽子の記章は錨だけでしたが、士官の記章は、錨の外にそれを取り巻く花輪が着いている。二等整備兵曹は、それに気付いた途端にびっくりして、走り去ったのでしょう。当の烹炊兵に「どうしたのか」と聞きますと「あの下士官は、銀蝿に参りました」と答えました。朝の烹炊所は、兵ばかりと思い、食事の上前をはねようとして来たのでしょうが、予期しなかった士官の私がいたために、銀蝿を防ぐことができたのでした。

それから、しばらく後のことです。夕方、私は、用事があって烹炊所に行きました。すると、今度は、上等機関兵曹が酔っぱらってくだを巻いて烹炊所に入り込み、「何かを出せ」とねだっていたのでした。その時は、烹炊所には主計科の下士官もいたのですが、階級はこの上等機関兵曹より下で、その男にねだられて困っているところですと私に告げました。それを聞いて、私が出て行きますと、上等機関兵曹はびっくりして、急いで逃げて行きました。この時も、銀蝿は未遂に終わったのです。

これらの銀蝿は、犯罪で言えば、自分に取る権利のない物をねだって強制的に取り上げるのですから、刑法の恐喝罪に当たるのですが、恐喝行為がこのように行われていたことに驚きました。銀蝿を自分の意思で行う悪い奴もいるでしょうし、上官に命じられて、仕方なしに行う部下の兵などもいたでしょうが、このように、偶然、私の知った事件についての詳しい事情などの報告は聞きませんでしたし、ほかに、私の知らない事件も相当あったのではないかと思います。

このような銀蠅の犯人は、好ましくない下らない人間と言わざるを得ません。当時、軍隊の規律は非常に厳しかったのに、その中でこんな不正な行為をやるのですから、犯人等はよほど悪い連中だと言っても言い過ぎではないかも知れません。

自給食料で恵まれた諫早航空隊での食事

殊に諫早航空隊は、食事の内容も量も充実していた点でおそらく日本一の部隊だったと言えるかもしれません。他の部隊から用事があって来隊した士官達は、食事時に士官室に招待され、階級順に座席を設けられて、隊員と一緒に食事をしたのでしたが、食卓に並べられている料理を見ると一様にびっくりし、異口同音に、「この隊にはごちそうがありますね」と感激して感謝の言葉を述べるのでした。私も、仕事で、何度か他の部隊へ出張しましたが、食事時に提供された食事は、かなり貧しい内容のものでした。そして、諫早航空隊の食事について、他部隊員から誉め言葉がありますと、司令は、よく嬉しそうな顔で、私の方を向き、「増産主任のお蔭だよ」と仰ってくださったので、私は、大変恐縮した次第でした。

なお、諫早航空隊には、私の担当任務外でしたが、元漁師であった隊員四〇名で構成されていた漁撈隊があり、漁船二隻に分乗して漁業を行い、連日、トラック二台分の漁獲物を隊に送っていたのでした。この収穫魚類が毎日の食料に加えられていたことも、諫早航空隊の食事を立派なものにしていた大きな理由であったと思います。

アメリカ兵から予期せぬ敬礼―初めて聞くアメリカ語

そのほか、諫早航空隊が解体した後、三ヵ月程の残務整理に従事していた時期の終わり頃、アメリカ兵達と会ったことについても、付言しておきましょう。残務整理の作業は、九月から一一月の初め頃までは忙しくて余裕はなかったのですが、一一月も半ばを過ぎますと、連日少しずつ暇ができ、昼食後一、二時間ぐらいは休めたので、私は、運動がてら、旅館から散歩に出たのでした。そして、付近の道を歩いていますと、向こうから一人のアメリカ兵の下士官がやってきたのです。階級章から憲兵軍曹だったと思います。そして、私に近づくと、私に向かって敬礼したのでした。私は、びっくりしました。アメリカ兵に敬礼される理由はないだろうと思って周囲を見渡しましたが、アメリカ軍人は誰もいません。いたのは私だけでした。私は、日本海軍主計中尉の軍服を着ていました。前にも申しましたように、残務整理中、終戦時に大佐に進級された司令が、毎日、大佐の軍服を着て室内に座っておられたので、同じ時に主計中尉に進級した私も、新しい襟章をつけた軍服で作業に従事していたのですが、散歩に、そのままの格好で出たものでしたから、アメリカの憲兵は、私を日本海軍の中尉と見て敬礼したのでしょう。

私は、答礼してから、彼の傍らに近付き、「君はどんな任務についているのか」と聞きますと、「私は、アメリカの憲兵軍曹で、この町の様子を見るために歩いています」と答えました。そこで、「日本とは、どんな戦争をしたのか」と尋ねますと、「私はガダルカナル島でも戦いましたし、硫黄島の戦闘にも参加しました」と言いました。そこで、「日本兵に対しては、どう思うか」と聞きますと、「日本兵は非常に勇敢ですが、気の毒なことに彼らには、十分な武器がなかった」と答えるのでした。「日本兵の歩兵銃には、弾丸が五発しか入っておらず、一発ずつ引き金を引くと薬きょうが飛び出す。また、狙いを定めて引き金を引くと薬きょうが飛び出す。そして、五発撃ち終わると弾丸を入れ替えるので、大変面倒です。しかし、一発ずつ狙って撃たなければ五発撃てないんですね」とまねをしてくれました。なお、「だが、我々の銃は、連発で、ドドドドっと撃てる。小銃だけでもこんなに違うでしょう。そして、戦車などは我々の方にはあるが、日本にはなかった」などと言ったのです。確かに日米間の歩兵銃にはこのような差異があったのですし、日本軍には戦車の所有台数が少なかったことから、実際の戦場には参加し得なかったことも多かったと思われます。彼の見事な説明に驚きつつ、私は、日本兵は本当に気の毒な戦争をさせられたものだと痛感しました。私が彼の見事な返答に感謝しますと、彼は、「この先にアメリカ兵の休憩所があるけれど、よかったらそこで休みませんか」と私を誘ってくれました。

案内されて行ってみますと、少し先の道路脇に、アメリカ兵が三〇名ほど休憩してお茶を飲んでいる建物がありました。そして、兵士達が皆、立ち上がって私のそばへ寄ってきて、憲兵軍曹からの紹介を受けました。それから、その中の数名の兵士達と一時間程話をすることができたのです。私は、初めてアメリカ語を親しく聞きました。私が、中学時代から習ったのは、当時、国王統治のイギリス語として、キングズイングリッシュと呼ばれていた、イギリスの伝統的な英語でした。しかし、アメリカでは、移民達がそれを何時しか変えてアメリカ英語にしたのですね。そして、発音なども、随分違いました。例えば、「水」のことを「ウォーター」という英語が、アメリカ語では、「ワラー」と聞こえたのでした。そういう言葉を、そこでアメリカ兵達から聞いて、大変勉強になりました。そして、その後も、外出した折に、数回、その休憩所に行ってアメリカ兵と対話をしたことによって、アメリカ語の基礎について、かなり勉強することができたのでした。

Ⅲ　刑法学の基礎としての学生・助手時代の学習・研究

東京大学法学部に入学

こうして、残務整理等が終わって、私は、郷里に戻りました。

帰郷後は、中央大学で、改めて二年生の勉強から始めようと思っていたのですが、その頃、東京大学から、それまでは旧制高校の出身者しか採用しなかったが、昭和二一年には、それ以外の学校や陸海軍の士官学校、兵学校、機関学校、経理学校の出身者からも募集するという報道がありました。

そして、昭和二一年の三月に、そのような入学試験が行われたのでした。私は、実質的な生き変わりを目指して、この試験を受けてみようと考えて受験しましたが、幸い合格することができました。高等学校以外の学校出身の合格者は七〇名、陸海軍の学校の出身者は、一〇〇名で、その中、七〇名が海軍、三〇名が陸軍だったのです。それから、私は、この人達と一緒に、昭和二一年の五月から東京大学法学部で学ぶこととなりました。

最初の講義時間に、法学部の一番大きな教室の一つである二五番教室に入り、空いていた一番前の席に座っていたところ、経理学校の同期生だった人達、つまり、東大在学中に海軍に招集され、戦後また東大生に戻った人達が、次々に私のところにやってきて、おめでとうと言ってくれました。その人達とは、以後、彼らの卒業するまで、一、二年の間親しく付き合いを続けたのです。それから、海軍、陸軍の学校出身者一〇〇名の中、海軍で一番の先任者は海軍少佐で、兵学校をトップで卒業し、終戦時には小型艦の艦長をしていた人であり、また、陸軍の最先任者も、やはり少佐で、歩兵部隊の大隊長であったとのことでした。そして、その後、両氏とも、偶然にも私に接近して来られ、いつしか、親しい友人となりました。

刑法学における古典学派と近代学派

東京大学に入学した当時、刑法学については、古典学派と近代学派との対立が厳しい時代でしたが、東京大学では、古典学派の代表者であられた小野清一郎先生が、講義を担当されており、五月から七月まで刑法の基礎理論をじっくりと教えてくださいました。私は、非常に興味を持って聴講したのでした。

しかし、小野先生は、戦時中に書かれた論文などがアメリカ進駐軍の忌諱に触れて、教職追放の処分を受け、七月に教職を去られ、講義も終わりとなりました。そして、代わりに、九月の末、東北大学の刑法教授であられた木村亀二先生が非常勤講師として東大の講義を担当されることとなりました。木村先生は、小野先生とは反対に、当時の近代学派の第一人者と言ってもよい方でした。

木村亀二先生の近代学派理論講義―そこで感じた不満と疑問

木村先生は、一〇月の初めに、集中講義を開始され、連日、午前八時から午後五時まで、休みなく続けて、一〇日ほどで第一回目の講義を終わり、それから、約一ヵ月後に第二回目の集中講義を行い、数回で、講義を終えられたのでした。そして、先生は、その講義開始の際、「諸君は刑法の講義を途中まで聞いておられるそうだが、私は初めからやり直します」と仰って、近代学派の理論をじっくりご説明になられたのでした。

お聞きしているうちに、私は非常に不満を感じたのです。この講演の最初に申しましたように、近代学派の刑法理論は、行為を遺伝と環境とに支配されて行われるものであり、犯罪もそうであると論じるのですが、木村先生も、ヨーロッパの近代学派理論を継承されて、自由意思を否定する決定論的立場に立たれ、犯罪人の行為は遺伝と環境とに導かれたものであり、刑事責任は、その行為のもつ社会的危険性に対する社会防衛の必要から論ぜられるべきであると説かれたのでした。

しかし、二年間の海軍生活で、生命をかけて共に戦った戦友達との共同生活のうちに自然に学んだ人間性は、このような人間観とは全く異なったものでした。人間は、それぞれが主体的な人格を備えた存在であり、その行為は自由意思に基づいて行われるのが一般であり、それ故にこそ、その人間の行為として評価し得るのです。それは、社会的に是認される行為についても、また、非難される行為についても、同様です。逆に、自由意思を欠いて行われた行為は、その人間の行為とは目し難く、社会的評価を結びつけることは妥当ではありません。

これは、海軍生活のように、一般社会とは異なった制約のある社会でも、特別の具体的な強制命令などのない限り、十分認められるところでした。先程あげた銀蠅などでも、海軍生活では、一般に相当な食料が給付されていたのであり、多くの軍人達はそれで一応満足していたのに、勝手にそれ以上の要求をするのであって、銀蠅行為者の非難されるべき自由意思に基づくことが多いといえるでしょう。況して、軍隊のような制約のない通常の社会で行われる犯罪は、よりはっきりと犯人の自由意思に基づいてなされたものと目し得るのが一般であるといえましょう。そして、遺伝や環境に決定されて行われた法律違反の行為については、その行為者を犯罪人として非難することはできないと解すべきです。こうして、私は、木村先生の講ぜられた近代学派の理論に強い疑問を覚えたのでした。

團藤重光先生にご指導を仰ぐ

当時、團藤重光先生は、東京大学の助教授であり、二学年生に対する刑事訴訟法の講義を担当しておられました。私は、刑法の講義が休講の時間に、勝手ながら、團藤先生の刑事訴訟法の講義を聴講させていただきました。その際、團藤先生は、講義の間に、「諸君、もし何か質問があれば、私の研究室においでなさい。どんな質問でも、私にできることならお受けしましょう」と仰ってくださったのです。私は、正規の学生でない、いわば聴講生の立場でしたので、どうしたものかと戸惑いましたが、木村先生の講義の理解に耐えかねていましたので、思い切って團藤先生の研究室へ伺いました。そして、「木村先生がこういうお講義をなさるのですが、私にはとても納得できず困っています。どうしたらよいでしょうか」とお尋ねしますと、先生は、「君が疑問とされるのは、もっともなことです。木村先生は、近代学派の理論家としては立派な方でしょうが、その理論に対しては、古典学派の学者達から種々の批判的見解が示されていることは君もご承知でしょう。それ故、君自身の考えを論文にまとめて見給え。読んであげましょう」と仰ってくださいました。

私は、それから、約一ヵ月かけて、講義時間の合間に図書館に行き、色々な文献を読みつつ、自分の考えをまとめ上げて、その結果を二〇〇字詰め原稿用紙約一〇〇枚に執筆し、「刑事責任の人格的構想」という題をつけて、團藤先生の研究室にお持ちしました。

先生は、それをお受け取りくださって、「明日までに読んでおくから、また来てください」と仰いました。翌日、お伺いしますと、先生は、「君の論文を読ませていただいたが、実は、私も君と全く同じ考えなのです」と仰って、大学ノート二冊にぎっしり書き込まれた人格責任論についてのご研究を見せてくださいました。私は、その場で、三〇分程の間、拾い読みさせていただきましたが、ドイツの諸学説などを詳細豊富に引用されながら、先生ご自身のご所見を述べておられ、大変驚きました。

勿論、私のささやかな論文などとは比べるべくもないご研究でした。そして、先生は、「君の考えは大変結構だと思います。これからの刑法学においては、近代学派の理論などに拘泥することなく、君自身が正しいと考える理論を推し進めてください。私も、協力します」と仰いました。

私は、感激して、これからは、自分自身の信じる刑法理論を考えてみよう、また、刑法学の研究を今後の人生の仕事とすることができるかも知れないと思った次第でした。そして、私は、翌年度から、團藤先生のゼミにも参加させていただき、刑法学の勉強についても、色々ご指導を受けることができたのでした。

司法修習生をやめ研究者の道へ

ところで、東大に一緒に入った元海軍少佐は、私と同時に司法試験を受けたのですが、共に在学中に合格し、第三期司法修習生に出願して採用されました。昭和二三年一一月のことです。そして、昭和二四年の三月に大学を卒業しましたが、私は幸い首席でした。そして、法学部助手に採用されました。教授会の決定は三月の半ば頃だったのです。助手とは、助教授の下の地位で、主として研究を行うという立場でしたが、團藤先生は大変お喜びになり、「君、このまま東大に残ってもらおう」と仰ってくださいました。私は、本当に感激しました。しかし、司法修習生はやめなければならないので、法務省へ行き、人事課長にお目にかかってその旨お願いしました。人事課長は、後に最高裁長官になられた方でしたが、私の願いを承知され、「では、そちらで勉強してください」とのお言葉をいただきました。

こうして、私は、修習生にならず、刑法学研究者の道を歩み始めました。

なお、その年司法修習生になった元海軍少佐であった友人は、その後、修習生を終えて弁護士になり、活躍されました。一方、元陸軍少佐だった友人の方は、一緒に司法試験を受けましたが、残念ながら合格しませんでした。しかし、驚いたことに、大学卒業後会社に就職してからも、司法試験を受け続けたのです。そして、一〇年後、私が司法試験委員になり、委員を続けて三年目に、司法試験に合格したのでした。彼の継続した受験を知らされていなかった私は、突然その元少佐が私の所に挨拶に来られたので、本当にびっくりしました。既に相当な年齢になっておられましたが、それから、弁護士となり、亡くなるまでの十数年間、活躍されたのでした。なお、元海軍少佐も、弁護士として大いに活躍されていましたが、残念ながら、かなり早いうちに死亡してしまわれました。しかし、この二人の私の同級生が、それぞれ、元気に頑張ってくださった偉大な精神力に、友人として、本当に強い感銘を覚えた次第です。

東京大学助手から名古屋大学助教授に

私は助手になってからも、團藤先生に細かいご指導をいただいて参りました。まず、助手論文のテーマとして、「間接正犯」を与えられたのでした。

間接正犯とは、犯罪の基本的概念の一種ですが、行為者自ら実行行為を行う直接正犯と異なり、他人を道具として犯罪を行わせる場合であり、その行わせる行為を実行行為と目し得ることが必要なのです。

私は、この間接正犯の研究について、ドイツのあらゆる文献を集めて読みました。そして、それを踏まえて、何とか基本的な論文を書き上げたのでした。

ところで、團藤先生は、私を東京大学に残してあげると仰ってくださったのに、それが不可能となりました。それは、間もなくアメリカ政府が派遣したドッジという使者がやってきて、当時、進駐軍の指揮下にあった日本政府の施策に対し種々の修正を命じたのでした。ドッジラインと呼ばれています。そして、東京大学の刑事法講座増設計画も抑制されました。それで、私は東大に残れなくなりました。その話が伝わりますと、私を迎えてくださるという大学が幾つかありました。私は、大変感謝したのですが、私の希望は、教職の前に研究者になりたいということで、研究環境の良好なことを願っておりました。

私に声をかけてくださった東京の大きな私立大学の法学部には、当時、昼間部と夜間部とがあって、それぞれの学生数が一〇〇〇名ぐらいずつありました。そういう大学に赴任したら、教育には大いにやりがいがあるのでしょうが、研究時間は限られるのではなかろうかと考えて、辞退いたしました。また、他の大学からもいろいろな話がありましたが、私が必要とした研究テーマである間接正犯や正犯一般に関するドイツ語の文献は、当時、東大以外の大学には、聞いても、ほとんどなかったのでした。それ故、東大に居らざるを得ず、何とか東大から通えるところにある大学であることが必要だったのです。

そこで、調べたところ、名古屋大学が一番近い大学でした。名古屋大学は、太平洋戦争の終了までは、旧帝大の一つですが、理科系の学部しかない大学でした。旧帝大は、七つありまして、そのうち、東大、東北大、京大、九州大には文科系もあり、それぞれに法学部も設けられていたのですが、北海道大、名古屋大、大阪大には理科系しかなかったのでした。そして、これらの大学では、戦後の昭和二一年に、他の文科系学部とともに法学部もできたのです。当時、名古屋へは、東京からは、新幹線はもちろんありませんでしたので、東海道線の特急で六時間かかりました。特急列車は、一日に二本ありました。また、急行列車では一二時間かかったのです。しかし、名古屋大学で好ましかった点は、法学部の学生数は一学年八五名で、教師の担当学科は一週間に四科目でよいとのこと、つまり、学部の講義を二科目、ゼミナールを一科目、大学院の講義を一科目、併せて四科目、それぞれが二時間ずつですから一週間で八時間、朝八時から夕方五時まで集中してやれば一日で済むのです。そのほかに、教授会が半日程あるのですが、結局、一日半で一週間の大学での勤務は済み、残りの時間は研究に充てられることが分かりました。そこで、名古屋大学に採用していただいたのでした。

Ⅳ　名古屋大学助教授・教授時代の研究

名古屋への通勤、東京での研究

名古屋大学助教授に就任した私は、東京から名古屋へ通いました。東京では、東大法学部の図書室に連日通い、蔵書を読んで研究しました。最初は、借用した蔵書を読んでいましたが、そのうちに、図書室外でも読めるようにコピーしたいと思いつきました。しかし、当時はコピー機械などありませんでしたので、考えて、カメラで写真を撮ることを思いつきました。初めて買ったカメラを用いて、一ページずつ写真を撮り、それを現像して、焼き付け、文献を作る。そして、その文献を携帯して適時読む。しかし、これでは、現像焼き付けの費用にお金がかかり過ぎましたので、そのフィルム自体を拡大して読むことを思いつきました。壁にかけた白布に映写機で映写して読むのです。この方法では、かなり安価で勉強することができたのでした。

そして、列車での通勤も、六時間の特急、一二時間の急行で通いました。講義が終わってから、夜一〇時過ぎに発車の夜行列車で東京へ向かい、朝七時頃東京へ着く。その足で東大の研究室に行く。こういう生活を大体四年近く続けたわけですね。

その間、東京でアルバイトをさせていただくことができました。それは、当時、中央大学の理事長をされていた高窪喜八郎先生という弁護士の方から、刑事判例集を作るから協力してくれとのお話で、私に刑事法の判例集の編さんをご依頼くださったのです。そして、その作成費として毎月数万円ずつ頂戴しました。これは全く有難いことでした。判例の勉強をしながら、お金をいただいたのです。そのお金は、全額、研究費に充てました。そのために、内外の新本の購入などにも全く事欠かなかったのです。そして、非常に感謝しつつ、研究生活を続けることができたのでした。

初期の著書

私の最初の著書は、『刑法における新・旧両派の理論』です。これは、「法律時報」に書いた論文を補充して本にしたのでした。当時の古典学派と近代学派の対立の様相とその新しい統合への方向づけなどについて、私の考えをまとめたものです。

次いで、二番目の本は、『間接正犯の研究』です。これは、團藤先生から与えられた助手論文の研究テーマについて執筆した論文を、さらに、名古屋大学の助教授になってから補足して出版しました。そして、その後、東京大学で学位論文として受け入れていただくことができたのです。

そのほか、早期の著書としては、『刑法概説 総論』があります。昭和三八年に有斐閣から出版しました。私の刑法講義を踏まえたものでした。また、青林書院からの『刑法各論』の「上巻」、「下巻」が挙げられます。これは、青林書院の法律学全集に含まれるものです。この全集の他の本は一冊ずつですが、利用上の便宜を考慮して、刑法各論だけは二冊にさせてもらいました。当時の青林書院の社長は、学徒出陣で、私と一緒に海軍に入った人でしたが、私とは別の航空隊の主計科に勤務しておられたのです。そのためでしょうか、私の研究に大変関心を持たれ、次々と自社からの出版を求められました。数冊出版した後、この全集について、刑法各論の担当を依頼されたのでした。

ホテルに「カンヅメ」の執筆作業

そして、その時、社長は、熱海の西熱海ホテルというできて間もないホテルの一室を借り切って、そこでの執筆を求められたのです。私は、必要な研究資料をホテルに運び込み、朝起きてから夜寝るまで執筆作業を続けました。ホテルには、勿論、お風呂がありましたが、入浴は夜寝る前の一一時ごろに一回入るだけでした。その時間には、宿泊客は、皆、寝ており、いつも私は一人でした。そして、朝起きてすぐ作業にかかって、定刻に食事をとる。お昼も、ホテルで弁当を食べ、それからも休みなく作業を続ける。夜の一一時にお風呂に入ってから寝る。こういう生活をずっと続けました。そして、その間に、週に二日間、名古屋大学に通ったのです。早朝に熱海駅を出て、昼頃名古屋に着く。午後から夕方まで講義をして、大学の研究室に宿泊し、翌日の午前中、また、講義を続け、一週間分を終えて、午後は、教授会に出席する。教授会が終わると、名古屋の自宅には立ち寄らず、すぐに列車で熱海のホテルへ戻る。こういう生活を続けたのです。名古屋の自宅で家族と会ったのは、本当に何ヵ月に一度という程でした。こうして、熱海のホテルに泊まりきりで刑法各論の執筆を進めたのです。そして、熱海でも、ホテル外に出たことはほとんどありませんでした。ただ、青林書院の社長が何度か励ましにホテルまで来てくださり、その時に、一緒に街を散歩したことがあった程度で、あとは専らホテルにこもりきりで、執筆作業に明け暮れたのでした。こうして、かなりの時間をかけて『刑法各論』上・下の執筆を終えました。

刑法の注釈書を刊行

その後、しばらくしてから、青林書院の社長が、この二冊の刑法各論を基礎として、刑法全体のコンメンタールを書いてみませんかと言われました。私は、刑法総論については、先に挙げた、有斐閣から出版した『刑法概説 総論』を書いていましたので、これらを踏まえつつ、必要事項を加えれば、比較的容易にA五判一〇〇〇ページ余りのコンメンタールを書き上げることができると思い、刑法の注釈書『注解刑法』を書き上げ、青林書院から出版してもらったのです。これも、西熱海ホテルを作業場として執筆したのでした。

その頃、團藤先生は、東大を定年でご退職になり、最高裁判所判事に就任しておられました。『注解刑法』が出来たので先生にお届けして、しばらく後にお目にかかった時、先生はこう仰いました。「君の『注解刑法』は最高裁で大変な評判ですよ。最高裁の判事は一五人いるが、君のあの本は五冊しかない。裁判官会議で刑法に関する問題について論議する時に、その五冊を取り合うのです。あの本は本当にいい本ですね」と思いもよらぬお褒めの言葉をいただき、非常な感激を覚えました。

私の刑法学の研究には、勿論、他の関連する学問分野の研究も踏まえられています。民法や商法などの法律分野を対象として抽象的に考えられている人間や、刑法に隣接して、場合により一体化して捉えられる刑事訴訟法における捜査の対象としての、また、処罰の対象としての人間について、それから、犯罪学、これは人間の犯罪性を科学分析する学問として、とくに人間研究を一つの対象とする見地からも、思索を続けて参りました。

全国の刑務所を見学―人格的刑法学の基盤を確信

なお、私は、刑法学研究の一環として、刑務所の見学を思い立ったのでした。昭和四五年・四六年の二年にわたり、友人達約一〇名とグループを組み、北は北海道から南は九州まで、日本の代表的な刑務所をほとんど参観して回りました。北海道では、有名な網走刑務所にしばらく滞在して受刑者達の様子を見聞しました。また、札幌刑務所、函館少年刑務所などもつぶさに見せてもらいました。あと東北地方と、それから関東地方、東京近辺、中部地方、近畿地方、中国地方、四国地方、それぞれ代表的な刑務所を見ました。最後に、九州に参り、福岡から熊本、次に、宮崎、鹿児島に行き、各地の刑務所を見て回りました。それぞれの刑務所には色々な違いもありましたが、各受刑者の人間性については、もちろん共通した面が認められ、私の人格的刑法学の基盤となし得るとの思考は何ら揺らぐものではないことを強く感じたのです。

そして、この刑務所参観については、昭和四七年に、岩波書店から「刑罰の理論と現実」と題する書物を出版しました。グループ参加者達の共同執筆です。

Ⅴ　海外留学による研究

一　アメリカ合衆国における研究

文部省海外留学

次に、私の海外留学について申し述べたいと思います。私は、昭和四七年から四八年にわたり、文部省海外留学を命ぜられて、研究のために海外に出張したのでした。それまでの文部省留学は、大体、大学の助教授に対して、二〇歳代の後半から三〇歳代の前半ぐらいの間に行われるのが一般であり、留学先も、ある国の一大学に一年間定留して、その大学の教授からの指導を受けることが多かったと思います。しかし、私は、この海外留学を命ぜられた時に既に四二歳になっていました。戦後の日本の大学では、若い時期に海外に行けなかった教授が多く、一年間に海外留学させる数は全国で何人という限りがありましたから、名古屋大学の助教授・教授として、順番を待っているうちに四二歳に達したのでした。そして、既に刑法の著書も何冊もありましたし、学位も得ていましたので、それまでの人達とは違った形の留学をすることが必要だと考え、それには、世界の主要な諸国を見て回るのが有益であり、アメリカ合衆国に半年、ヨーロッパ諸国に半年、滞在することにしようと企てました。

そして、ヨーロッパでは、刑法学についてとくに日本と縁の深いドイツを主としつつ、他の諸国をも訪れようと考えたのです。ただ、当時、ヨーロッパの東半分は共産国で、日本とは国交がありませんでしたので、それ以外の西側の諸国だけを歴訪してみたいと思いました。

また、アメリカでは、大西洋岸にはハーバード大学を初めとして有名な大学が幾つかありましたが、その地は、冬が非常に寒く、それと比べて太平洋岸の方はかなり暖かいと聞いていましたので、冬期の留学生活を過ごすには、太平洋岸の方がよいと考えて、太平洋岸で一番の大学として、カリフォルニア大学のバークレー校を選びました。カリフォルニア大学は、世界一大きな大学で、キャンパス数が一〇近くあり、一つのキャンパスの広さが日本の一大学のキャンパス分ぐらいあり、その全部についての本校がバークレー校だとのことでした。そこで、バークレー校への留学を決意して連絡したところ、すぐ承諾を得られたのです。

アメリカでの研究―カリフォルニア大学バークレー校

こうして、私は、昭和四七年、すなわち、一九七二年の一〇月に、まず、飛行機で、アメリカ合衆国へ向かいました。そして、ハワイを経てバークレーに行ったのです。ハワイ島を訪れたのも、初めてのことですが、ハワイ開戦の現場を見学し、日本海軍の戦闘の残留物なども参観しました。また、ハワイ大学も訪問しました。

それから、サンフランシスコを経てバークレーに参りました。カリフォルニア大学バークレー校の刑法の主任教授は、サンフォード・ケイディッシ（Sanford H. Kadish）氏というユダヤ系のアメリカ人でした。年齢は、私より三つほど上でしたが、アメリカでは有名な刑法学者です。ケイディッシ教授を大学の研究室に訪ねて挨拶しました。そして、話し合っているうちに、「戦争中、あなたはどうしていましたか」と聞かれたので、私は、「日本海軍の諫早航空隊にいました」と答えますと、「諫早航空隊は特攻隊ではなかったのですか」と尋ねられたので、「そうです」と申しますと、びっくりしたような顔で、「実は、私もアメリカ海軍の大尉でした。日本とは、非常に激しく戦ったのでした。沖縄戦のことは、よく思い出します」と話されたのですが、同時に態度が変わりました。「よくバークレーに来てくださって有難うございます。しかし、この学部には、残念ながら、お貸しする研究室がありません。ただ、隣の犯罪学部（School of Criminology）には、他大学から来た教官用の滞在室がありますから、そこをご紹介しましょう」と言って、すぐに電話してくださったのでした。それから、お別れして犯罪学部に行ってみますと、玄関横の部屋に机が五つあって、既にイギリスから一人、ドイツから一人、イタリアから一人、アメリカから一人、いずれも大学の教授又は助教授の留学者達がその部屋を利用していました。そして、空いた机が一つあり、それを私に貸してくださったのです。それから、私は、バークレーに滞在中、原則としてこの部屋で研究を行ったのでした。滞在していた各国の研究者達とも親しくなり、その後、ヨーロッパで、それぞれの人達に、それぞれの大学を訪れてお世話になりました。こういう利得もあったのでした。

カリフォルニア大学バークレー校の図書館で驚いたことは、蔵書の大半が判例集で、アメリカの各裁判所の判例集がほとんど揃えられていたことです。その分、研究書などは少ないように見受けられましたが、アメリカ以外の外国書もそれなりに備えられており、日本書の中で、私の著作物も四〇冊ぐらいあり、これには驚き、感謝しました。

アメリカでは、刑法の基本理論についての研究をしましたが、また、アメリカ独自の制度としての陪審制についても勉強することにしました。サンフランシスコの陪審裁判所へ何度か出掛け、じっくり傍聴するとともに、担当の裁判官に会っていろいろ聴取しました。また、陪審員となった人達の体験を、何人もの人から聴いたのです。こうして、陪審裁判については、かなり色々なことを学び得たと思います。

そのほか、時間の許す限り太平洋岸の各地を訪れました。北方では、シアトルからカナダに近い国境の町まで行きました。また、南の方では、ロサンゼルスに赴き、サンフランシスコ大学のロサンゼルス校を訪れ、法学部の教授達と親しく交際し、裁判所を見学し、さらに、南方のサンディエゴに赴いて、軍港の見学などを行い、かつ、メキシコ領内に入国して、ティファナを訪れました。レストランに入って、米語が通用しなかったことに驚きました。

なお、渡米した翌年、昭和四八年（一九七三年）の元日、バークレー校の法学部長がご自宅に教員達を招待され、私もお招きくださいました。かなり広い応接室に数十名が集まったのでしたが、その時、ケイディッシ教授が、太平洋戦争中にアメリカ海軍の士官だった五人の教官を集めて、私に紹介してくださったのです。これには驚きました。五人の一人一人がそれぞれに日本海軍との戦争での思い出を語ってくれました。その一人は、沖縄戦で駆逐艦に乗っており、「日本軍の特攻機は怖かったですよ」と言いました。

ところで、私は、翌二月にバークレーを立ってシカゴに向かったのでしたが、私の予定を聞いて、出発の前日に、夫人と二人で、ホテルのレストランに私を招き、お別れの会を開いてくださった元アメリカ海軍の士官がありました。私は、予想外に多くのアメリカ人と親交を結べたことに感激したのでした。

なお、バークレーでは、刑務所の見学を行い、とくに収監中の死刑囚の実情なども、つぶさに参観することができました。

シカゴでは、大学と裁判所を訪れ、町の主要部の様子などを見てから、アトランタへ行きました。次いで、ワシントン、フィラデルフィア、ニューヨーク、ボストンと、それぞれ、太平洋岸の都市を巡り、アメリカに関するいろいろな知識を得ることができました。

アトランタでは、南北戦争の歴史を学び、また、白人と黒人との対立の様相の一端を知りました。ワシントンでは、ホワイトハウス、国会議事堂を訪問するとともに幾つかの名所を見学しました。

その他の都市では、大学、刑務所、博物館、美術館など、アメリカを代表する有名な施設を訪問し、見学しました。大学としては、ペンシルヴェニア大学、ハーバード大学、ボストン大学を訪れて刑法の教授と話し合いましたが、とくにハーバード大学では、刑法の講義を聴講し、かつ、ゼミナールを傍聴することができました。また、図書館を参観して著書数がバークレーの大学を越えて、私の著作物の数もバークレー以上であったことに驚いたのでした。

こうして、アメリカでの留学を終了し、ボストン空港からポルトガルのリスボン空港へと渡ったのです。

二　ヨーロッパ諸国における研究

最初の訪問国ポルトガル・リスボンでの出来事

そして、最初に訪れたヨーロッパの都市であるリスボンでは、残念ながら、研究の成果はほとんど得られませんでした。

まず、着陸した空港で客を待っていたタクシーに乗車し、運転手に宿泊を予定していたホテルの名を告げて、「そこへ行っていただきたい」と申したところ、運転手は、「私は、もっとよいホテルを知っていますので、そちらへ行きませんか」と言いました。私が「実は、アメリカから既に予約をしているので、残念ながら私の指示したホテルへ行ってください」と申したところ、運転手は黙って私の言ったホテルの前まで車を走らせて停車しました。そして、告げられた額の運転代金を支払いますと、運転手は、さらに、「私の希望をかなえていただけなかったのですから、慰謝料を払ってください」と言ったのです。私は、何も迷惑をかけたわけではないから、慰謝料など払う必要はないと考えて、その申し出には応じませんでした。これから、六ヵ月間のヨーロッパでの研究生活の費用に充てるための限られた額の持ち金を、理由もなく費消することは避けたいと思ったのでしたが、そのうちに、私と運転手とのやりとりに気付いたらしく、ホテルのフロント係員が出てきました。私が運転手の要求の不当さを告げますと、フロント係は厳しく運転手を非難してくれました。運転手は、しぶしぶその場を立ち去りました。ヨーロッパ着の最初の行動は、このように不愉快なものだったのです。

次に、リスボン大学に行って、刑法の教授に面会を求めたところ、「刑法の教授は、裁判所での仕事を依頼されて、今は裁判所へ行っていますので、お会いすることはできません」と断られました。そこで、私はやむなく、大学の周辺を歩き回り、また、バスを利用して市内の要所の様子などを見学しましたが、刑法学の研究成果は何ら得られませんでした。

こうして、ヨーロッパの最初の国であったポルトガルでは、有意義な思い出はなかったのです。

スペインへ

翌朝、私は、スペインのマドリードへ飛びました。その日は、市内の観光をしたり、名所を訪れたりしましたが、翌日、マドリード大学を訪問しました。学内を見学した後、刑法の教授に会いますと、講義・ゼミナールへの参加をすすめられました。私はスペイン語はよく分かりませんが、その言葉に従ってその教授の講義を聞き、また、長時間にわたってゼミナールを傍聴しました。不十分ながらスペインの大学教育の様相の一端を学ぶことができました。この教授は、その後、新しく出版した刑法の著書を贈ってくださいました。

スペインでは、更にトレドに行き、街の様子を見学しました。全般にわたり古い歴史をしみじみと感じさせられました。

それから、バルセローナへ飛び、街の中核をなす要所や、古い建物などを見学しました。

こうして、各地での市民との接触などによって、スペインの人々の人間性を知ることができたのでした。

イタリアでは主要都市を訪問―詐欺被害も経験

次は、イタリアです。まず、ローマに行き、着くとすぐにローマ大学を訪問し、刑法の教授達に会ってお話をしました。それから、ローマの刑務所を参観しました。これがイタリア最初の研究行動でした。

その後、ローマ市内の名所を若干見学して、次の国ギリシャのアテネに行きました。できるだけ広く各国の様子を見ておきたいという私の気持ちからです。まず、アテネ大学を訪問して刑法の教授達と話し合った後、アクロポリスの丘やパルテノン神殿などを観望し、さらに、市内の観光をしました。

しかし、ここは、二日で切り上げて、また、イタリアのローマに戻り、改めて、まだ見ていなかった市内の要所を見学するとともに、バチカン国を訪問して、宮殿、サンピエトロ大聖堂、美術館などを参観しました。それから、イタリア南部のナポリに赴いたのです。ここには、ヴェスビアス火山の噴火の遺跡がいろいろ残っていました。それがどんな影響を人々に与えたかということを見聞したり、古都としてのナポリの様相を見学したのでした。

そして、その後、イタリア北東部のベネチアに移りました。英語では、ベニスといいますが、有名な観光都市です。港の外に小島があり、そこで、いろんな行事が行われていると聞き、その見学に行きました。遊覧船で港を離れ、島に渡って色々観照した後、港に戻ってきました。船が接岸したので、降りようとしたところ、桟橋の上に杖をついた老人が立っていました。そして、桟橋に近づくといきなり私に手を延ばしたのです。私は、年寄りだし、折角の好意だからと思ってその手を握りました。しかし、別にその手に捕まって引っ張ってもらって、上陸の援助を受けたわけではありません。ただ握っただけでした。ところが、その老人は、上陸した私に向かって「私はあなたを上げてやったのだからお金をくれ」と言ったので、私は正直びっくりしました。しかし、杖をついた老人だからと気の毒に思って少しばかりのお金を渡しました。ただ、後で考えてみても余りいい気持ちではありませんでした。

なお、その後、別の町へ行き、公園内を散歩していた時、二人の少年が走って私の傍らを通り抜けました。元気な子供だなと思っていますと、二メートルほど先に行ったら急に止まって、くるっと向きを変え、私に手を差し出して「お金をください」と言ったのです。前に会ったこともない、偶然、ここで出会っただけの私への要求に、ばかばかしくなって、「お金なんかない」と言って払いませんでした。イタリア人は、一体どういう人間性なのか、それまでの私は、日本でも、外国でも、経験したことのない出来事です。

イタリアでは、そのほかにも、重要な犯罪の被害に会ったという話を耳にしました。例えば、ローマ市内で、タクシーに乗ったところ、強盗に遭ったとのことです。タクシーの運転手が強盗の仲間であって、乗客を乗せて公園のような人通りの少ないところへ行って停車し、その場に待機していた仲間を乗車させて乗客を取り囲み、金銭の支払いを要求するとか、タクシーを人通りの少ない道路の脇に停車させ、オートバイに乗った仲間達が周囲を取り囲んで乗客への金銭を求めるなどという事件です。乗客としては、犯行の場所や犯人の人数から金銭の支払いに応ぜざるを得ないでしょう。私は、幸いにも、このような犯罪の被害に遭うことはありませんでしたが、ローマのような大都市で、それも有名な観光地で、本当にこのような悪質な犯罪が行われているとの話に驚かざるを得ませんでした。

ベネチアからフィレンツェに参りました。ここは、有名な教会のあるところで、まず、教会をじっくり見学した後、裁判所を訪問し、丁度行われていた裁判を傍聴することができました。イタリアの裁判の様相を法廷でよく知ったのはこの時だけです。

それから、ミラノへ移りました。ここでは、ドォーモ（大聖堂）を見学し、それから、レオナルド・ダ・ヴィンチの「最後の晩餐」の絵が飾ってあるサンタマリア・デレ・グラツィエ聖堂もゆっくりと参観しました。

ところで、ミラノには、私は列車で着いたのですが、着く早々、詐欺の被害に遭ったのでした。その晩、宿泊するホテルを予め電話で予約し、その控えを持っていたのですが、それを駅前で乗車したタクシーの運転手に示して「このホテルへ頼む」と言ったところ、それを見たタクシー運転手がすぐ発車して二キロほど走り、かなり急な山道を登って、山の上にあったホテルの入り口で停めたのです。そして、「ここですよ、どうぞ」と言うので、私は、代金を払って下車し、そのホテルのフロントまで歩いて行って、フロント係員に予約表の控えを見せて、「予約している者ですが、よろしく」と言ったら、フロント係員が、「このホテルは、うちではありません」と言いながら、すぐに走って行ってホテルの前にいたはずのそのタクシーの運転手に話そうとしたのですが、もうそのタクシーは何処かへ行ってしまっていたのでした。フロント係員が、「この予約表のホテルはうちではなく、駅の近くにあります」と言ったので、その場にいた別のタクシーに乗りました。そのホテルに着きますと、何と先程騙されたタクシーに乗車したミラノ駅前の地点は、このホテル前から駅前広場を隔てて数十メートルしか離れていませんでした。本当に驚かされました。ホテルの名前が似ているからといって、書いた控えまで見せたのに、情を知らない外国人だとみてこういうことを平気でやる人間には呆れはてました。こうして、私は、ミラノのタクシー運転手に詐欺の被害を被ったのでした。

主要留学先のドイツに滞在—ハイデルベルク大学を拠点にして研究

私は、不愉快な気持ちを抱きつつ、ミラノ空港からイタリアを後に、ドイツへ飛び、フランクフルト空港に着陸しました。そして、すぐに列車でハイデルベルクに赴き、留学を予約していたハイデルベルク大学を訪ねたのでした。なお、当時のドイツは、東西に分かれており、以下のドイツとは、原則として、今日の西ドイツに当たります。

私は、ヨーロッパでは、ドイツのハイデルベルク大学を主要な留学先とすることにしていました。それは、世界の刑法学の最高レベルの国として知られているドイツの中でも、最古の法学部を有する大学だったからです。折角の機会なので、大学の歴史や保有しているであろう古文献なども学びたいと考えて、日本を出発する前から、この大学への留学の承認を得ていたのでした。

この時、ハイデルベルク大学の刑法学担当の教授は、カール・ラックナー（Karl Lackner）博士でした。年齢は、私より三歳程上でしたが、有名なドイツ刑法の注釈書の著者であり、非常に評判のよい方でした。その上、大変親切で、私が研究室を訪問するなり、この部屋の隣の研究室が空いていますから、本学に滞在中はそこを使ってくださいと言ってその部屋を提供された上、部屋の入り口に、「プロフェッー・ドクター・オオツカ」（Prof.Dr.Ohtsuka）という名札を付けてくださいました。これでは、外観的には、私もハイデルベルク大学の教授になったのと変わりません。その上、ラックナー教授には三人の助手がいましたが、その一人を、「どうぞあなたのお好きに使ってください」と言って、私の仕事を手伝わせることにしてくださったのです。それで、翌日から、私が、朝、大学に行きますと、その助手が私の部屋に来て、「おはようございます。先生、御用はありませんか」と尋ねてくれるのです。私は、留学した当日に、ハイデルベルク大学の図書館を長時間かけてじっくり見学させてもらいました。確かに古い歴史のある色々な書物もあるし、充実したなかなか立派な図書館だと思いましたが、二日目からその助手が図書の貸借を全部担当してくれましたので、それからは、一度も図書館に入ることなく、ハイデルベルク大学での留学を終えたのでした。毎朝、助手から、「今日の御用は何でしょうか」と問われるものですから、「こういう本を借りてもらいたい」と言いますと、すぐに借りてきてくれますし、読み終えると、また、その本を返しに行ってくれるのでした。それ故、私は全く図書館に入らずに済んだのでした。そのほか、その助手の人は、私が何かの用事で外出する必要のあるときは、自分の自動車で送ってくれるなど、非常に親切に尽くしてくれたりしました。このような恵まれた留学生活は聞いたことがありませんので、私は心から感謝しました。そして、初めから二ヵ月間は、毎日この研究室で、ドイツ刑法学の代表的文献を真剣に読んで勉強したのでした。

他の大学も積極的に訪問

しかし、この半年の留学期間中には、ドイツとともに、広く他のヨーロッパ諸国の刑事諸事情や、人間性などを調べることも、研究課題でしたから、三ヵ月目から、学外へも出ることにしました。まず、二週間、ドイツ国内の他の都市を回り、戻って一週間をハイデルベルク大学で過ごす。また、二週間、一週間と。こういう生活を始めたのです。そして、ドイツの他の大学を次々に訪問して歩きました。その頃、ドイツでは、法学部のある大学は、二二ありました。できればその全部を訪れたいと考えましたが、結果的に、二〇校にとどまりました。しかし、各大学で教授達と面接して、種々の質問をし、時間があれば図書館を見せてもらったりしたのでした。

訪問してある程度長く滞留した大学としては、まず、ボン大学があります。ボンは、当時、西ドイツの首都でしたし、ボン大学の刑法の教授としては、ハンス・ヴェルツェル（Hans Welzel）博士がおられました。この方は、「目的的行為論」の創始者として、非常に有名でしたが、私がその方の著書の日本語訳者の一人でもあったという結びつきがあり、お会いすると非常に厚遇してくださいました。

また、ケルン大学、ハンブルク大学、ミュンヘン大学、フライブルク大学などでも、それぞれの刑法学の教授と会って親しくなり、いろいろな利便を受けることができました。

知り合いになったドイツの大学教授達は、皆、非常に親切な方々でした。私が大学を訪問するのに、予約なしに、突然、訪ねたことが多かったのですが、どの教授も快く迎えてくれて、中には、今晩私の家へ来ないかと招待してくださった方も、少なくなかったのです。また、ドイツでは、偶然にお会いした一般の人達の中にも、かなり親切な人が見受けられました。例えば、道路上で道を尋ねたとき、ただ教えてくれるだけでなく、私と同行して、時には一キロメートルぐらい一緒に歩いて案内してくれた人達もいました。そういう人達のいる国は、ドイツ以外にはありませんでした。私の体験したこのような親切さは、ドイツ人の特性であったと思われます。

また、私が訪問した時に、たまたま教授が不在だった場合には、助手の人が代わって応対してくださったことも、よくありました。そして、時には、大学内だけでなく、大学の所在する町の名所などまで案内してくださったのでした。

ドイツ人との触れ合い

ドイツ国内を歩き回っているうちの、大学外での思い出も色々ありますが、その一つは、レストランでの夕食中に会った四〇歳ぐらいの男性ドイツ人です。食事を終わった頃に、近くのテーブル脇に座っていたその人が、突然立ち上がって私の席に近づき、「あなたは日本人ですか」と尋ねたので、「そうです」と答えますと、「一寸、ここに座らせていただいていいですか」と聞いたので、「どうぞ」と言ったら、隣の席に座って話し始めました。色々な想い出などを語っているうちに、イタリアの話をし出しました。そして、「私はイタリア人が嫌いなんです」と言い、「この前、三国同盟でイタリアと組んで戦争したのは、大変な失敗でした。イタリアなんかと組まないで日本とドイツだけが組めばよかったのです。今度は、日本とドイツが組んで戦争しませんか」と言うのです。私は、「もう戦争はしたくない。しかし、ドイツの人達と仲良くするのは非常に結構なことですよ」と申しますと、その人は、笑い出して喜んでくれたのでした。

どこの国にも、色々な人達がいますが、私は、とくにドイツでは、時間があるときによく公園のベンチで休憩し、近くに座っていた人達と話し合うなど、いろいろな人に接しましたが、結果的に、ドイツ人には思いやりのある人が非常に多いと感じました。私のドイツ滞在中、不愉快な思いをしたことは一度もありませんでした。

ドイツ以外のヨーロッパ諸国も様々見聞

こうして、ドイツの各大学を一通り訪問し終わった後は、残された時間をまだ行っていない他の国の訪問にあてたいと考えて、まず、オーストリアに行きました。ドイツとの国境にあるザルツブルクの大学を訪れますと、教授は不在でしたが、助手の人が、一日がかりで町の要所から名所である山の上まで案内してくれました。この人は、その後、ザルツブルク大学の教授に昇進され、オーストリア屈指の刑法学者となったツァーグラー（DDr.Wolfgang Zagler）氏ですが、私には、現在まで繰り返し手紙をくれたり、著作物を贈ってくださったりしています。

次に、オーストリアでは、ウィーンに行きました。ウィーン大学のほか、王宮、美術館、博物館などを見学し、公園での演奏会を参観しました。ここの大学でも、親切に扱ってくれました。

次は、スイスです。まず、首都ベルンでは、大学を訪問した後、市内観光をしました。次に、ユングフラウヨッホを途中まで登ってみました。なお、ドイツの国境に近いバーゼル大学にも、比較的ゆっくり滞在しました。スイスは小国ですが、いろんな特色があり、ドイツにはないバラエティーに富んだ特徴を持っていました。文化的にも、人間的にも、そうでした。色々な人種の人達が混じっていることもありますが、ドイツとはかなり様子が違う面のあることをいろいろ体験しました。

それから、オランダに行きました。アムステルダムで、大学を訪問し、市内の諸施設を見学しました。その際、偶然に道を聞いたら、おばあさんでしたが、「あなたは日本人ですか」と尋ねたので、「そうです」と答えますと、「日本人とは話したくない。日本人は嫌いです」と言って、それきり口をきかずに立ち去ってしまいました。そういうことは、アメリカでも一度ありました。サンフランシスコの北方で太平洋岸を歩いていた時､道が分からなくなったので、傍らに立っていた女性に道を聞こうとしますと、「あなたは、日本人ですか」と尋ねられたので、「そうです」と答えると、「私は、日本人は大嫌いです。日本人とは口をききません」と口をつぐんでしまいました。恐らく、太平洋戦争で親しい親族などがひどい目に遭われたのでしょう。そういう悲惨な経験を、アメリカ人も、オランダ人も、太平洋戦争で負わされた恨みだと思われます。

オランダでは、アムステルダムのほかの町も幾つか見て回りましたが、人々はかなり好意的で、不愉快な思いはせずに済みました。

なお、ハーグへ行って国際司法裁判所を見学しました。ここでも、各国の様子が色々伺えましたが、とくに問題はありませんでした。

さらに、フランスでは、まず、パリに行き、パリ大学を訪問して、教授達とフランス刑法の特徴についていろいろ話し合いをすることができました。市内見学では、有名な諸施設を見て歩きました。宮殿とか、美術館とか、博物館等、主なものはほとんど見学しました。パリには、一週間程滞在したのです。

そのほか、フランスでは、ストラスブールという町に行ったことがあります。ここは、ドイツとの国境にあるのですが、ドイツとの紛争で、ドイツ領だったり、フランス領になったりしたところで、住民にも両国の国民性が混じっているのです。ドイツの歴史が残った施設もありましたし、住民にも、ドイツ人のような人も見受けられて、非常に複雑な都市であるとの印象を受けました。

それから、夏になり、七月半ばから、北欧諸国を訪問しようと考えて、まず、デンマークに行きました。コペンハーゲンの大学を訪問し、次に、市内の諸施設を見て回りました。その後、観光バスに乗って市内を見物していたとき、バスのガイドが、突然、「あっ、ソ連が来た」と大きな声で叫びました。乗客中、日本人は私一人で、あとはアメリカ人がほとんどだったようですが、みんなびっくりして、突然、立ち上がった人もいました。すると、バスのガイドは笑い出して、「いいえ、嘘です」と言いました。デンマーク人は、ソ連を恐れて、嫌がっているのだということを、このような事実から知ることができました。当時のソ連は、色々な国に強い影響を与えていたのでした。

また、フィンランドに行きましたが、ソ連の隣国ですから、ソ連からの影響がより強く感じられました。ここでは、大学には行かず、町を見学しただけでしたが、その町の様子から、ソ連との関係の複雑さを認識させられたのです。

次に、スウェーデンに移りまして、ストックホルム大学に行きました。スウェーデンは、北欧では有名な国ですし、刑法学のレベルもかなり高いということで、教授達に接して、スウェーデン刑法の特徴などを話し合ってから、市内を観光して回りました。

そして、最後に、ノルウェーのオスロに行きましたが、ここでは、とくに刑務所を見学しました。係員が非常に親切に案内してくれたものですから、つい時間が長くなって、一日がかりで刑務所の色々を見聞したのです。それから、法務関係の官庁を訪れて、刑務所に関する説明を受けた後、北欧諸国の巡回を終えて、ハイデルベルクに戻ったのでした。

留学の最後はイギリス―国際刑法学会で各国教授とお別れの挨拶も

なお、イギリスは、留学を終了して、日本へ帰る直前に訪問しました。ロンドンでは、大学訪問とともに、大英博物館や、その他の市内の名所の観光をしました。次に、オックスフォード大学では、アメリカのカリフォルニア大学の School of Criminology の共同研究室で一緒に留学生活を送った留学生の一人がこの大学の教授だったので、久し振りに再会して種々の話し合いをするとともに、大学内の案内もしてもらったのでした。それから、ケンブリッジ大学も訪れ、刑法の教授と面会し、学内を見学しました。イギリスの大学訪問は、以上で終えました。最後に、ロンドンでは、丁度、私が滞在していた時に、国際刑法学会が開催されており、ヨーロッパ諸国の各大学から、それぞれ、刑法の教授達が参集していましたので、私も、そこに出席して、各国の教授達にお別れの挨拶をして、日本に引き揚げることができたのでした。

留学で得たもの、感じたこと―人間性の認識について

以上に概説したように、私のヨーロッパ留学は、内容的に極めて多様でした。各国の様相を

つぶさに見て歩いた結果、国民性というものは、国々によって一様ではなく、非常に勤勉な国民、誠実な国民、親切な国民と、これらの国民性を供えた国々、逆に、かなり怠け者の目立つ国や、余りしっかりしていないように感じられる国などもありました。それから、芸術や文芸などに非常に秀でている国もあります。実は、前に申しましたように、イタリアなどは、私は、一般的な国民性については、余り好まないのですが、芸術的な面では、断然、傑出しており、立派な美術館や博物館も備えられています。また、音楽についても、非常にレベルが高いことが感じられたのでした。

それから、食事ですが、おいしい国と余りおいしくない国とがありました。一番おいしかったのは、イタリアとフランスです。私の感覚で、この二国がヨーロッパではとくに傑出していました。逆に、余りおいしくなかった国は、ドイツとイギリスでした。なお、食品に、国民的な伝統や人間性の違いによる差異があるようにも、感じられました。ドイツなどでは、野菜の数が非常に少ないのです。ドイツ国内を列車で走っていると、広々とした畑地で、見渡す限り同じ種類の野菜だけが作られている場所が目立ちました。逆に、スイスでは、列車で坂道を上がっていくと、レールの周囲の狭い畑に植えられている野菜類が色々と違うのでした。国民性の違いが感じられました。それから、イタリアでも、各地を回り歩いてみて、植えられている野菜が多種類であることに気付いたのでした。

こうして、ドイツ人は非常に限られた、おそらく先祖からのしきたりを忠実に継承して、伝統的な食生活を維持し続けているのではないか、それが、ドイツ料理のあの味ではないかと勝手に想像したのでした。

しかし、ドイツ料理にも、非常に良かった点もありました。私は、ドイツ料理は味が薄いものですから、レストランに入るたびに、店員に「塩を持って来てくれ」と必ず頼んだのです。どの店でも、塩をかけないとおいしく食べられなかったのでした。ところが、ドイツ生活を終えて、日本に帰って来たら、日本料理はひどく塩辛く感じられたのです。私は、わずかの間に味覚が変わってしまったのでした。そして、塩分を控えることは、健康にいいのではないかと気付いたのです。

また、当時、ドイツでは、列車の室内は、禁煙室と喫煙室とに分けられていました。乗車すると、禁煙室はいつも満席でしたので、煙草を吸わない私は、仕方なく喫煙室に入りますと、がらんとしていました。禁煙室では、立っていなければならないのに、喫煙室では座っていられます。すると、乗ってきた客が「ここで、煙草を吸ってもいいですか」と聞きながら、煙草を吸うのです。これには、嫌とは言えませんで、「どうぞ」と答えましたが、日本では、その頃、喫煙車と禁煙車との区別がなく、グリーン車でも同じでした。それ故、日本へ帰ってきて、列車に乗ったら、途端に、煙草の匂いの臭さに息が詰まる思いでした。ドイツでは、煙草を吸わない人が多かったわけで、日本と違った所でした。私も、わずかの間に体調が変わっていたのです。

このように、色々な体験を通じて学んだ各国民の人間性には、種々の違いはみられましたが、逆に、共通した面も勿論はっきりと見受けられました。各国の国民が、それぞれ、自立した人格を備えた存在であることは疑いを入れないところでした。

こうして、私は、多角的な観点から人間を検討した結果、それを踏まえた刑法理論の基盤としての人間性の認識について、変更の必要があるかを考えましたが、その必要は全くないと痛感したのでした。すなわち、私の刑法学の基礎における人格的主体としての人間についての認識には、それまでの日本人を対象とした思考と別段変わりのないことを、アメリカ、ヨーロッパでの留学を終えて確信したのです。

Ⅵ　中国における刑法学講義

初めての中国出講

海外留学から帰国した私は、留学の成果をも活用しつつ、改めて日本社会を主要な対象としての刑法学の研究に努力しました。大学では、一時期、法学部長を担当したことなどもありますが、研究中心の生活を続けられたことは幸せでした。そして、昭和六三年三月に、定年で名古屋大学教授を退官し、新たに愛知大学教授に就任しました。

ところで、その年に、中国政府から要望があり。夏休みを利用して七月、八月の二ヵ月間、中国に来て刑法学の講義をしてもらえないかというのでした。私は、それまで、中国へ行ったことはありませんでした。勿論、中国は歴史的にはよく知っている隣国であり、古い時代の文化や伝統的な法制度などは、一応、学んでいた上に、具体的な国情、社会事情などについても、満州事変や日中戦争のニュースなどを通じて、一応の知識はありましたが、当時の中国の法制度などはほとんど知りませんでしたし、私の講義を中国の学生達がどのように理解してくれるのかについても、全く分かりませんでした。しかし、折角の機会なので、中国、中国人の様子を見てみようという気持ちから、応諾したのでした。

私の出講先は、重慶の西南政法学院であり、中国最大の法科大学でした。その年の七月初めに、名古屋から上海を経て重慶まで飛行機で飛びました。到着した翌日から、集中講義として、朝八時から夕方四時頃まで、毎日七時間、八時間の講義を続け、日曜日は休みましたが、連日約四〇日、それで刑法の総論の概要、つまり、私の人格的刑法学の要点を中心として講述したのでした。聴講してくれたのは、この大学の学生のほか、中国各地の大学から集まった教授達でした。非常に熱心に聞いてくれて、大変評判はよかったようです。

私の講義の内容は、おそらくそれまでに中国人である彼らの学んでいた刑法学とは、全く異質のものだったと思います。

なお、学院では、休日には、市内の観光に案内してくれたり、太極拳を教えてくれたり、裁判所や刑務所を訪問・参観させてくれたり、四川省の省都である成都の街を数日間案内してくれたりして、色々な国民生活を見せてもらいました。

重慶は、日中戦争の当時、中国の首相蔣介石が中国臨時の首都としていたので、日本軍の最重要攻撃対象でしたが、その戦争を記録した博物館もありまして、そこも見たいと希望したら、政法学院の案内人が連れて行ってくれました。館員たちが歓迎して、「よくおいでくださいました」と応対されたのには驚きました。こちらは、悲惨な戦争による実害の様相を恥じていたのに、大変丁重な扱いを受けたのでした。

重慶からの帰途は、「揚子江の船下りをされませんか」と言われたので、中国の自然を知るのに良い機会だと思い、応諾したところ、重慶発の遊覧船での船下りをさせてくれました。揚子江の河畔の様子を眺めて雄大な中国平野を想起しつつ、武漢まで来たのでした。武漢三鎮と呼ばれたこの地点で下船し、武漢大学を訪問しました。次いで、歴史的に有名な古い施設などを参観したり、小山に登って風光を楽しんだりしました。それから、再び船で揚子江を南京へ下りました。ここでも、まず、南京大学を訪れ、その後、市内にあった数々の日中戦争の残跡などを見学したのです。

これで、実質的に第一回の中国出講を終了し、南京の空港から上海の空港へ飛び、上海の空港から名古屋の空港へ飛んで帰国したのでした。

なお、西南政法学院で私の講義を聴講された北京の大学教授崔炳錫氏は、この重慶から南京までの船旅と上陸地での行動について、終始付き添って懇切な支援をしてくださいました。そして、同氏は、その後、名古屋大学に留学されました。既に定年に達していた私は、大学でのご指導はできませんでしたが、個人的には、しばしば会合して刑法学に関して話し合う機会を持ったのでした。そして、同氏と私には、今日に至るまで、懇切な交際が続けられているのです。

西南政法学院は、その後、私に客座教授の辞令を送付してくれました。

再度の中国出講

ところで、明くる年、中国政府から今度は西安の西北政法学院で、西南政法学院と同じく七月、八月の二ヵ月間、刑法の講義をしてほしいとの依頼がありましたので、応諾して西安に行きました。そして、連日、朝八時から夕方四時まで私の刑法学を講義しました。ここでも、聴講者は、西安の学生とともに中国各地の大学教授たちも加わって熱心に講義を聴いてくれました。中には、その後、北京の大学に転勤して教授となってから、私の著書を中国語に翻訳してくれた人もいました。また、このとき、私の講義の通訳を担当してくださり、その後日本に移って名古屋に居住し、会計事務で活躍され、現在も時々お会いする、潘向旭氏がおられますが、この人とも、西北政法学院の講義でのご縁でした。なお、その翌年も、また、西北政法学院で同様の講義を行い、同校では、二年間、それぞれ、夏期集中講義を実施したのでした。

西北政法学院の所在地である西安は、中国では、歴史的に非常に有名な町であり、その古い名所旧跡などを西北政法学院の関係者達が案内してくれました。始皇帝の兵馬俑は、当時の日本では、まだほとんど知られていませんでしたが、これをつぶさに見せてくださったのでした。見渡す限りの広い敷地内に沢山の兵馬、人間の像が並んでおり、びっくりさせられました。始皇帝の時代に、よくこんな立派なものが沢山作られていたと深く感動したのでした。

それから、二年目には、講義が終了に近づいた頃に、もっと離れた各所も、見せてもらいました。まず、万里の長城の外れです。万里の長城は、北京のあたりからずっと続いているのですが、その終了点が西安から北の方にあるのです。その外れの様子を見てから、さらに、その先の空き地になっている広い野原も歩き回りました。さらに、敦煌へ行き、有名な莫高窟も訪れて、見学させてもらいました。こうして、二年に及んだ西安での講義の折に、西安市内はもちろん、中国北西部の各地の様相なども、かなり詳しく知ることができたのでした。

なお、西安からの帰りには、いつも、北京へ立ち寄ったのですが、その都度、北京大学に招かれて、講演を行ったのでした。私の講演を聴いて、中国の大学の有名な教授が、「先生の弟子になりました」という手紙をくれたり、また、自作の著書を次々に送ってくれる人達もおりました。そのほか、北京では、故宮や天安門などの名勝も見学しましたし、刑務所を参観したり、裁判所を訪問したりもしました。それから、北京近辺の万里の長城を案内してもらいました。

このように、中国では、三年にわたって二ヵ月ずつの滞在をしたのですが、その間に、各地で色々な体験をしました。中国人の人間性も、それなりに観察できたのでした。

一番驚いたのは、北京の刑務所での受刑者の態度でした。中国では、死刑がかなり広い範囲で言い渡されていますが、この死刑囚を集団的に収容している刑務所へ行き、受刑者達の作業ぶりを見て驚いたのでした。私は、施設に収容されている死刑囚の様子は、日本の刑務所ではもちろん、アメリカの刑務所でもかなり詳しく見ていますが、死刑囚はみな深刻な顔で過ごしていました。ところが、この北京の刑務所の死刑囚は、全く変わっており、にこにこ笑っていたり、キャッキャッと叫びながら仕事をしていたのです。その理由について、色々考えてみましたが、中国の死刑囚は、後になってからより軽い刑に改められることが多いので、自分もおそらくそうなるだろうと期待して過ごしているのではないのかと思いました。とにかく、他の国とは非常に違った様子が見られたのでした。

こうして、私は、人間の多様性について、アメリカ、ヨーロッパ諸国、及び中国などでの生活体験を通じて知り得た諸事実を私の刑法理論の基盤に取り入れているのです。

Ⅶ　人格的刑法理論の骨子

では、前にも述べましたが、改めて、私の人格的刑法理論の骨子についてお話しいたします。

構成要件該当性について――人格的行為論

犯罪の要件として、通説は、構成要件に該当する違法かつ有責な行為であると解していま す。この考えには、私も賛成です。

まず、犯罪の第一の要件である構成要件該当性ですが、例えば、殺人罪について、刑法一九九条には、「人を殺した者は、死刑又は無期若しくは五年以上の懲役に処する」と定められています。その中の「人を殺した者」が殺人罪の構成要件であり、後に続いているのが刑罰です。このように、刑法の規定には、構成要件と刑罰とを結びつけて定められているのが一般です。

ところで、殺人罪は、人を殺した者を対象にしているのですが、その「人を殺す行為」をどう捉えるかが、刑法理論の出発点なのです。

行為に関しては、古くは自然的行為論、すなわち、自然のままに考える説があります。自然科学で捉えられている人間の行為と同様な行為を刑法でも行為と考えればよいと理解するものであり、非常に初歩的ですが、一般的な考えでもありました。これに対して、近代学派では、社会的行為論が主張されています。社会的に意味のある人間の行為、すなわち、社会的な意味を要件として行為を理解しているのです。

なお、先にも述べたように、私がドイツに留学した際、ドイツのボン大学の教授だったハンス・ヴェルツェル博士が主張した目的的行為論があります。当時のドイツでは非常に有名な学説でしたが、反対する論者もおりました。この学説は刑法における行為を、行為者が一定の目的を持って行ったものでなければならないと解するのです。目的性ということに特別の意味を込めて、ここから行為者の人間性などを追求しているところに特徴がありました。

しかし、この考えには、目的のない行為もあるのではないか、例えば、過失行為、すなわち、行為者が誤って行った行為には目的が欠けるのではないかなどと批判されていますが、これについては、さすがに目的的行為論者も説明に苦慮したようでした。

私は、ヴェルツェル教授の目的的行為論についての著書の日本語訳を引き受けた一人であって、この学説には、一部には、学ぶところがありましたが、全体としての理論には賛成できませんでした。

そこで、最後に考えられるのが人格的行為論です。行為は行為者人格の発現として行われたものであると解するのです。先に述べたように、團藤先生のご見解です。先生は、行為を説明して、「行為者人格の主体的現実化」と定義しておられます。すなわち、行為者がその人格をその人自身の意思によって現実に表わしたものが、刑法上の行為であるとされており、このお考えに私も賛成です。

違法性について——人的違法論

次は、違法性です。すなわち、犯罪の第二の要件として、行為者の行った行為が法に違反すること、すなわち、法律で定められている種々のルールに反することが必要です。逆に言えば、違法でないものは犯罪ではないのです。例えば、人を殺しても、その行為が正当防衛として行われたのであれば、違法性がなく、犯罪とならないのです。

なお、常習犯人の行為の違法性に関しては、團藤先生は、行為者の人格を考える必要はなく、外してよいとのお考えですが、私は、この点では、先生と違って、人的違法論の見地から、行為者である人間の人格性は色々な形で現われ、常習犯人の行う犯罪行為は、常習性を持たない人間の犯罪行為とは、違法性の程度が違うと解しています。

責任について——人格的責任論

それから、責任の要件については、元来、古典学派の道義的責任論と近代学派の社会的責任論とが対立していました。道義的責任論は、自由意思を持った行為者が自由に行った犯罪行為に対して道義的に非難を加えることが責任である。すなわち、行為者の行為を対象とし、犯罪意思を踏まえて責任は論ぜられるべきであるとする見解であって、基本的には、正しいものがありますが、これだけでは十分とはいえません。

これと対立した社会的責任論は、社会に生存し、社会に危険性を持つ者は、その危険な性格に対して社会防衛として加えられる刑罰を受けなければならない。すなわち、危険な性格が責任の根底にあるが、それは遺伝と環境とによって決せられるのであって、行為者の自由意思によるものではないと説くのです。私が学生時代に木村先生から教えていただいた刑法理論もこういうものでした。

これに対して、私は、人間の行為には遺伝・環境によって規定されるものもあるが、遺伝・環境の影響を受けつつも、なお、行為者の自由意思に基づいて行われるものもあり得ると考えています。それは、私の海軍生活での体験を通して認識されたところでした。

そして、遺伝・環境にすべて規定された行為に対しては、法律上、非難し得る余地はないというべきです。すなわち、刑法において責任非難をなし得るのは、行為者自身の自由意思に基づいてなされた行為に限られなければなりません。

これは、私の木村先生のご見解に対する批判でもありました。こうして、私は、近代学派の社会的責任論を受け入れることができなかったのです。

これらに代わる見解として、私が採用したのは、人格的責任論です。人間は自立した主体的な存在であるとみられますが、その主体的存在性を人格と名付けることができましょう。そのような人格が自由意思によって行ったものが行為であり、そのような人間の行為に対して責任を問うのが人格的責任論です。

人格的責任論についての私見は、團藤先生のお考えと基本的に同一であり、私の刑法理論の出発点となったことは、既にお話したとおりです。ただ、その後の研究によって、私の考えは、團藤先生のお考えと若干異なることとなりました。それは、人格的責任の内容としての人格形成責任についてであり、團藤先生は、人間は子供のころから自分自身の人間性を築いていくのであって、これを人格形成というが、人格形成のあり方も、責任の中に入れて捉えるべきであると説かれています。しかし、私は、責任のあり方ではなく、責任の重さに関すると解しています。すなわち、責任の重さを論ずるについて人格形成が意味を持つと考えるのです。

そして、このような人格を踏まえた人間の行為に対する違法性論と人格的責任の理論とを併せて内容とする犯罪理論を人格的犯罪理論と呼ぶことができましょう。

刑罰論について――人格刑論

続いて、刑罰論について述べましょう。まず、応報刑論があげられます。古典学派の主張した理論であり、犯罪に対する制裁として、すなわち、悪事への応報として犯人に科せられるものが刑罰であるという見解です。これに対して、近代学派によっては、教育刑論が主張されました。受刑者を教育して改善することを刑罰の内容とするのです。

次に、刑罰の目的としては、一般予防と特別予防とがあげられます。一般予防とは、犯罪人を処罰することによって、社会の一般人に対する犯罪の予防となし得るとするものであり、特別予防とは、犯罪人を処罰することによって、その犯罪人を犯罪をしない人間に改善して、犯罪を予防することができるとするのです。

これらの各理論には、それぞれに正しい面がありますが、私は、それらを踏まえつつ、刑罰の本質に関して、人格刑論を主張したいと思います。これは、刑罰を行為者の人間としての人格自体に関して考慮しようとする考えです。

すなわち、受刑者は、過去に犯した自分の犯罪について後悔して謝罪するとともに、再び同様な犯罪を繰り返さないように自らの人格を構成し直さなければならないとするものです。自律性を持つ人間だからこそ、そういうことが可能なのであり、受刑者としてはそれを行わなければならないと解するのです。

私は、これを改悛的自覚と呼びます。すなわち、刑罰は受刑者の改悛的自覚を目指して科せられるべきであり、主体性を持った人間である受刑者は、改悛的自覚の達成に努めつつ刑に服することを要するというのが私の考えている人格的刑罰論です。

以上のような人格的犯罪理論と人格的刑罰理論とを結び付けて私の人格的刑法学となるわけです。

私の刑法学の特色的な骨子は以上のとおりです。

これで、私の刑法学に関する講演の要部は一応終了致しました。

Ⅷ　受　賞（章）

なお、私の受賞について、その数はわずかですが、付け加えさせていただきます。

(1)　最初は、名古屋大学助教授の時代ですが、「刑法雑誌」に登載された私の論文「間接正犯の正犯性」（刑法雑誌四巻二号・五巻三号）によって、刑法学会から草野賞を授与されました（一九五六年五月）。

(2)　次は、一九九七年一一月に、労働大臣から地方労働委員会委員一〇年勤務表彰を受けたことです。私は、名古屋大学法学部教授を定年によって退職した直後に、愛知県地方労働委員会会長を命ぜられ（一九八七年）、以来一九九九年一二月まで勤務しましたが、その間に、一〇年を経過してこの賞をいただきました。なお、この職は、国家社会的な労働問題を深く検討しつつ、具体的な労働事件の処理などにも当たるので、極めて有意義なものであり、労働する人々の人間性などについて学び得たところも少なくなく、刑法学的な観点からも意義がありました。この職に就任させていただいたことに感謝しています。

(3)　最後は、一般的な叙勲です。一九九九年一一月に、勲二等旭日重光章を受章しました。

皇居での式典に参加して生涯の想い出となったことを想起します。
受賞については、以上です。

Ⅸ　私の現行作業

最後に、私が現在行っている刑法に関する作業に関して付言させていただきます。

(1)　私が現在行っている仕事には、『大コンメンタール刑法〔第三版〕』の編集・執筆作業があります。この書物は、青林書院の出版にかかるものであり、その初版の出版計画が始められたのは、昭和六二年のことでした。青林書院の前社長逸見慎吾氏は、太平洋戦争後、私と親しくなり、私の刑法に関する著書を何冊も出版してくださったのですが、昭和六二年の春頃、私に対して、「わが社は、来年、創設以来三五年になるのですが、この機会に、記念として、とくに裁判に役立つ刑法のコンメンタールを出版したいと思っています。ついては、その編集を引き受けてくださいませんか」と提言されたのでした。私は、そのようなコンメンタールの発刊は、社会的に極めて有意義であると考えて応諾したところ、前社長は、「実は、知り合いの検察官で、テレビなどにもよく出演される河上和雄さんという方がおられますが、この方を編集者に加えていただけないでしょうか。そして、もう一人、裁判官から編集者を選んでくださいませんか」と言われましたので、私は、河上氏について賛成するとともに、裁判官の編集者として、妻と司法修習が同期であって、しばらく前に、私とも知り合いになった東京地方裁判所判事の佐藤文哉氏を推薦したところ、前社長は喜んですぐに両氏に連絡されますと、両氏とも快く引き受けてくださいました。

そこで、前社長の立会いの下で、私ども三名で何度か編集会議を行った結果、次のような目標を定めました。まず、現行刑法典が施行された明治四〇年以後、公私の出版物に登載された重要な判例をできるだけ多く取り上げて、その意味を確かめるとともに、これらの判例に対応する学説の見解も参酌して検討します。次に、今後の社会をも予測しつつ、刑法典の解釈として適切妥当とみられる判例の在り方を追求します。また、刑法の基礎的理論として、今日の代表的諸学説を引用してその意味を論じます。こうして、刑事裁判に寄与し、かつ、学問的にも評価されるコンメンタールを作成したいと考えたのでした（『大コンメンタール刑法〔第三版〕』はしがき五頁・六頁参照）。

なお、刑法典全体に対する解説書として、一〇巻に分けて刊行することとし、その執筆者には、中心的に、裁判官・検察官からの適任者に担当していただき、かつ、一般論的な部分については、学者の方々にお願いすることとしました。

こうして、本書の「初版」一〇巻は、昭和六三年一〇月から平成四年五月までの間に出版することができたのでした。そして、幸いにも、この書物は、裁判官、検察官及び弁護士の諸氏から広く歓迎され、さらに、法学界にも受け容れられました。

その後、法令の改正、新しい判例、学説の出現とともに、とくに刑法典がそれまでの文語体から口語体に改められるなどのことがあり、これらに応じた新版を作成することとなり、平成一一年以降一八年までに、「第二版」を刊行しました。この版には、新しい内容が加わったため、全一三巻となりました。また、編集者として、初版の編集に協力してくださった法務省の古田佑紀氏に参加していただきました。

ところで、さらに新しい諸事情を踏まえて、平成二五年に「第三版」の出版が企画されることとなりました。ただ、遺憾ながら、「初版」、「第二版」の刊行に努められた前社長は、平成一四年に亡くなられ、また、編集者として貢献された佐藤文哉氏も、平成一八年に他界されていました。そして、「初版」、「第二版」の執筆者中にも、何人かの方が永眠されていたのです。これらの方々には、これまでのご尽力に感謝申し上げげつつ、ご冥福をお祈りいたします。

そして、前社長の後任には、令息逸見慎一氏が新社長として「第三版」の刊行作業を統轄され、また、佐藤氏の後任には、元東京高等裁判所判事の中山善房氏が新たに加わられました。それから、執筆者も、「初版」、「第二版」の執筆者の方々に継承しての作業をご依頼するとともに、支障者を生じた項目については、新しい執筆者に担当をお願いすることとしました。

なお、「第三版」の冊数は、内容の増加はあるものの、「第二版」の一三巻を踏襲しました。

こうして、「第三版」は、平成二五年中に第一冊（第四巻）を、また、平成二六年になってから現在までに第二冊（第九巻）、第三冊（第八巻）、第四冊（第七巻）及び第五冊（第一一巻）を、出版することができ、さらに、残りの巻の完成に努めているところです。

(2) 次に、私の作業としては、有斐閣から出版されている『刑法概説各論〔第四版〕』を改訂することがあります。これは、私が最初に作成した刑法学の体系書であり、教科書としても、永く用いてきました。また、幸いにも司法試験の参考書などとして、多くの読者の方々に読んでいただけたものでした。同書の『総論〔第四版〕』は、平成二〇年に出版しましたが、続いて、各論の改訂作業に取り組んでいるのです。

なお、同じく有斐閣から出版されている『刑法入門』も、新たに改訂出版する予定で、準備を進めています。この本は、法務省から委託されて同省刊行の法律雑誌に連載された私の刑法の講義論文を補正して取りまとめたものですが、諸般の事情の変更を踏まえての改訂を目指しています。

以上をもって、この度の講演をすべて終了させていただきます。

熱心なご聴講に厚く御礼を申し上げます。

大塚　仁　博士　略歴（二〇一四年七月三一日　現在）

一九二三年七月二一日　群馬県勢多郡桂萱村大字三俣（現　前橋市三俣町）において出生
一九四六年五月　東京帝国大学法学部法律学科入学
一九四八年一二月　高等試験司法科試験合格
一九四九年三月　東京大学法学部法律学科卒業
一九四九年三月　東京大学法学部助手（一九五二年三月まで）
一九五二年四月　名古屋大学法学部助教授（一九五九年一一月まで）
一九五六年四月　名古屋大学付属図書館商議員（一九五八年三月まで、一九六二年一月から一九六三年一二月まで、一九六四年一月から一九六六年三月まで、一九六八年四月から一九七〇年一〇月まで）
一九五六年五月　論文「間接正犯の正犯性(1)(2)」（刑法雑誌四巻二号（一九五四年）、同五巻三号（一九五五年））により、「草野賞」を授与される（日本刑法学会）
一九五七年四月　名古屋大学大学院法学研究科担当（一九八七年三月まで）
一九五八年四月　愛知学院大学法学部非常勤講師（一九六一年三月まで）
一九五九年一二月　名古屋大学法学部教授（一九八七年三月まで）
一九六二年三月　『間接正犯の研究』により、法学博士の学位を授与される（東京大学）
一九六三年七月　法制審議会幹事（一九七九年一〇月まで）
一九六四年一月　司法試験（第二次試験）考査委員（以降、一九七一年一二月まで、一九七三年一月から一九七五年一二月まで、一九七七年一月から一九八八年一二月まで）
一九六六年四月　名古屋大学評議員（一九六八年三月まで）

一九六八年五月　日本刑法学会理事（一九八八年三月まで）
一九六九年四月　名古屋大学医学部非常勤講師（一九七一年三月まで）
一九七一年七月　静岡大学人文学部非常勤講師（一九七一年八月まで）
一九七一年一〇月　文部省在外研究員として、アメリカ合衆国、メキシコ、ポルトガル、スペイン、イタリア、ギリシャ、スイス、オーストリア、ドイツ連邦共和国、ドイツ民主主義共和国（当時）、フランス、ルクセンブルク、連合王国、デンマーク、スウェーデン、フィンランド、およびノルウェーへ出張（一九七二年一〇月まで）
一九七三年二月　学術審議会専門委員（一九七四年一二月まで）
一九七四年四月　名古屋大学法学部長（一九七六年三月まで）
一九七五年七月　愛知県青少年保護育成審議会専門委員（一九七七年七月まで）
一九七九年四月　京都大学法学部非常勤講師（一九八〇年三月まで）
一九七九年一一月　法制審議会刑事法部会委員（一九九〇年九月まで）
一九八四年六月　日本学術振興会流動研究員等審査会専門委員（一九八六年五月まで）
一九八七年二月　学術審議会専門委員〔科学研究費分科会〕（一九八九年一月まで）
一九八七年三月　定年により名古屋大学法学部教授を退職
一九八七年四月　名古屋大学名誉教授
一九八七年四月　愛知大学法経学部教授（一九八九年三月まで）
一九八七年四月　朝日大学法学部客員教授（一九九七年三月まで）
一九八七年一二月　愛知県地方労働委員会会長（一九九九年一二月まで）
一九八九年四月　愛知大学法学部教授（一九九五年三月まで）
一九九〇年九月　法制審議会委員（一九九八年九月まで）

略　　歴

一九九一年六月　税務大学校名古屋研修所非常勤講師（一九九八年まで）
一九九二年四月　放送大学客員教授（一九九五年三月まで）
一九九二年四月　朝日大学大学院法学研究科非常勤講師（一九九四年三月まで）
一九九五年三月　定年により愛知大学法学部教授を退職
一九九七年一一月　地方労働委員会委員一〇年勤続表彰〔労働省〕
一九九九年一一月　勲二等旭日重光章受章

大塚　仁　博士　著作目録 (2014年7月31日 現在)

1．著書等

(1) 単　著

1957年

『刑法における新・旧両派の理論』(日本評論社)

1958年

『間接正犯の研究』(有斐閣)

1959年

『刑法総論第1分冊』(成文堂)

『刑法総論第2分冊』(成文堂)

『特別刑法［法律学全集・第42巻］』(有斐閣)

1963年

『刑法概説（総論）』(有斐閣)

1964年

『自動車事故と業務上過失責任』(日本評論社)

1968年

『刑法各論・上巻［現代法律学全集・第26巻］』(青林書院新社)

『刑法各論・下巻［現代法律学全集・第27巻］』(青林書院新社)

『刑法要論』(成文堂)

1969年

『刑法演習問題（総論）』(成文堂)

『刑法演習問題（各論）』(成文堂)

1971年

『注解刑法』(青林書院新社)

1974年

『刑法概説（各論）』(有斐閣)

『刑法要論〔補訂版〕』(成文堂)

1975年

『刑法概説（総論）〔増補版〕』(有斐閣)

1976年

『刑法論集（1）－犯罪論と解釈学』(有斐閣)

『刑法論集（2）－犯罪類型と解釈学』(有斐閣)

1977年

『注解刑法〔増補第2版〕』(青林書院新社)

1978 年
『条文刑法』（有斐閣）
1979 年
『刑法概説（各論）〔増補版〕』（有斐閣）
1980 年
『講義刑法総論［青林新講義シリーズ］』（青林書院新社）
『刑法概説（各論）〔増補第 2 版〕』（有斐閣）
1981 年
『刑法入門』（有斐閣）
1982 年
『犯罪論の基本問題』（有斐閣）
1984 年
『刑法各論・上巻〔改定版〕［現代法律学全集・第 26 巻］』（青林書院新社）
『刑法の焦点（1）錯誤［有斐閣リブレ］』（有斐閣）
『刑法要論〔全訂第 3 版〕』（成文堂）
1985 年
『刑法の焦点（2）共犯［有斐閣リブレ］』（有斐閣）
『刑法演習問題（総論）〔第 2 版〕』（成文堂）
1986 年
『刑法概説（総論）〔改定版〕』（有斐閣）
1987 年
『刑法要論（総論）〔補訂第 4 版〕』（成文堂）
『刑法要論（各論）〔改訂第 4 版〕』（成文堂）
『刑法概説（各論）〔改訂版〕』（有斐閣）
1988 年
『刑法要論（各論）〔増補第 5 版〕』（成文堂）
『刑法要論（総論）〔補訂第 5 版〕』（成文堂）
1989 年
『刑法の焦点（3）違法性［有斐閣リブレ］』（有斐閣）
1992 年
『刑法概説（各論）〔改訂増補版〕』（有斐閣）
『刑法概説（総論）〔改訂増補版〕』（有斐閣）
『刑法入門（補訂版）』（有斐閣）
1993 年
『刑法要論（各論）〔第 6 版〕』（成文堂）
『刑法要論（総論）〔第 6 版〕』（成文堂）
1996 年

『刑法入門〔第3版〕』(有斐閣)
『刑法概説(各論)〔第3版〕』(有斐閣)
1997年
『刑法概説(総論)〔第3版〕』(有斐閣)
2003年
『間接正犯の研究〔復刻版〕』(有斐閣)
『刑法入門〔第4版〕』(有斐閣)
2005年
『刑法概説(総論)〔第3版増補版〕』(有斐閣)
『刑法概説(各論)〔第3版増補版〕』(有斐閣)
2008年
『刑法概説(総論)〔第4版〕』(有斐閣)

(2) 共 著

1953年
『刑事法講座・第7巻補巻』(有斐閣)
1957年
『判例回顧(1956年度)』(日本評論社)
1958年
『判例回顧(1957年度)』(日本評論社)
『自動車事故をめぐる法律問題』[共著](日本評論社)
1961年
『刑法総論[実例法学全集]』(青林書院新社)
1962年
『刑事判例年鑑・1962年版』(東京法令出版)
1964年
『刑法の基礎知識(1)』(有斐閣)
『注釈刑法(1)』(有斐閣)(「第1編第1章第7条・第6章前注第31条〜第34条」執筆)
1965年
『教材刑事学』(成文堂)
『注釈刑法(3)』(有斐閣)(「第2編第5章」執筆)
『注釈刑法(4)』(有斐閣)(「第2編第17章」執筆)
『注釈刑法(5)』(有斐閣)(「第2編第26章・第30章」執筆)
1966年
『刑法の基礎知識(2)』(有斐閣)
『体系刑事法事典』(青林書院新社)

1969年

『注釈刑法（2)』（有斐閣）（「第1編第7章第39条・第11章前注第60条」執筆）

1973年

『全訂教材刑事学』（成文堂）

『刑法Ⅱ（総論）［セミナー法学全集・第5巻］』（日本評論社）

1975年

『刑法Ⅱ（各論）［セミナー法学全集・第16巻］』（日本評論社）

1978年

『刑法総論〔新版〕［実例法学全集］』（青林書院新社）

1979年

『刑法総論［入門法学全集・第12巻］』（日本評論社）

『刑法各論［入門法学全集・第13巻］』（日本評論社）

『刑法総論Ⅰ（現代社会と犯罪）［有斐閣大学双書］』（有斐閣）

1982年

『刑法総論Ⅱ［有斐閣大学双書］（刑罰と刑事政策の新様相）』（有斐閣）

『刑法の基礎知識（1）〔新版〕』（有斐閣）

1983年

『刑法の基礎知識（2）〔新版〕』（有斐閣）

1986年

『対談刑法総論・上』（有斐閣）

『対談刑法総論・中』（有斐閣）

1987年

『対談刑法総論・下』（有斐閣）

1991年

『基礎演習刑法』（有斐閣）

1996年

『刑法各論〔改定版〕』（青林書院）

1997年

『刑法総論〔改定版〕』（青林書院）

1999年

『基礎演習刑法〔新版〕』（有斐閣）

(3) 編　　著

1951年

『教材刑法総論』［共編］（朝倉出版）

『教材刑法各論』［共編］（朝倉出版）

著作目録

1955 年

『刑法教材（総論）』［共編］（有斐閣）

1956 年

『刑法教材（各論）』［共編］（有斐閣）

『総合判例研究叢書・刑法（3）』（有斐閣）（「実行の着手」執筆）

1958 年

『総合判例研究叢書・刑法（10）』（有斐閣）（「窃盗罪・強盗罪の既遂時期」執筆）

1960 年

『判例演習（刑法総論）』［共編］（有斐閣）

1961 年

『判例演習（刑法各論）』［共編］（有斐閣）

1962 年

『新版刑法教材（総論）』［共編］（有斐閣）

1963 年

『新版刑法教材（各論）』［共編］（有斐閣）

『総合判例研究叢書・刑法（21）』（有斐閣）（「間接正犯」執筆）

1966 年

『体系刑法事典』［共編］（青林書院新社）

1968 年

『刑法総論講義［青林講義シリーズ］』［共編］（青林書院新社）

『刑法各論講義［青林講義シリーズ］』［共編］（青林書院新社）

1969 年

『法律学の基礎知識（6）刑法』［共編］（有斐閣）

『判例演習（刑法総論）〔増補版〕』［共編］（有斐閣）

『判例演習（刑法各論）〔増補版〕』［共編］（有斐閣）

1970 年

『口語刑法総論［口語六法全書］』［共監修］（自由国民社）

『口語刑法各論［口語六法全書］』［共監修］（自由国民社）

『模範六法・昭和 46 年版』［共編］（三省堂）

1971 年

『新版刑法教材（各論）〔増補版〕』［共編］（有斐閣）

『演習刑法総論［演習法律学体系］』［共編］（青林書院新社）

『模範六法・昭和 47 年版』［共編］（三省堂）

1972 年

『刑罰の理論と現実』［共編］（岩波書店）

『新版刑法教材（総論）〔増補版〕』［共編］（有斐閣）

『演習刑法各論［演習法律学体系］』［共編］（青林書院新社）
『ワークブック刑法』［共編］（有斐閣）
『模範六法・昭和 48 年版』［共編］（三省堂）
『演習刑事政策［演習法律学体系］』［共編］（青林書院新社）
1973 年
『判例演習（刑法総論）〔増補再版〕〔改訂〕』［共編］（有斐閣）
『判例演習（刑法各論）〔増補再版〕〔改訂〕』［共編］（有斐閣）
『模範六法・昭和 49 年版』［共編］（三省堂）
『刑法Ⅰ（総論）［セミナー法学全集・第 5 巻］』［共編］（日本評論社）
1974 年
『模範六法・昭和 50 年版』［共編］（三省堂）
1975 年
『刑法の基礎・入門編［基礎法律学体系］』［共編］（青林書院新社）
『模範六法・昭和 51 年版』［共編］（三省堂）
1976 年
『判例コンメンタール（8）〜（10）・刑法Ⅰ〜Ⅲ』［編］（三省堂）
『模範六法・昭和 52 年版』［共編］（三省堂）
1977 年
『刑法（4）各論Ⅱ［有斐閣双書］』［共編］（有斐閣）
『刑法（1）総論Ⅰ［有斐閣双書］』［共編］（有斐閣）
『刑法（3）各論Ⅰ［有斐閣双書］』［共編］（有斐閣）
『刑法（2）総論Ⅱ［有斐閣双書］』［共編］（有斐閣）
『刑法（5）各論Ⅲ［有斐閣双書］』［共編］（有斐閣）
『模範六法・昭和 53 年版』［共編］（三省堂）
1978 年
『模範六法・昭和 54 年版』［共編］（三省堂）
『刑事政策入門』［編］（青林書院新社）
『口語刑法総論〔増補版〕［口語六法全書］』［共編］（自由国民社）
1979 年
『口語刑法各論〔増補版〕［口語六法全書］』［共編］（自由国民社）
『新版刑法教材（各論）〔増補第 2 版〕』［共編］（有斐閣）
『新版刑法教材（総論）〔増補第 2 版〕』［共編］（有斐閣）
『模範六法・昭和 55 年版』［共編］（三省堂）
1980 年
『模範六法・昭和 56 年版』［共編］（三省堂）
1981 年
『行刑の現代的視点』［共編］（有斐閣）

『講義刑法各論［青林新講義シリーズ］』［共編］（青林書院新社）
『模範六法・昭和 57 年版』［共編］（三省堂）
1982 年
『模範六法・昭和 58 年版』［共編］（三省堂）
『判例コンメンタール（8）刑法Ⅰ〔増補版〕』［編］（三省堂）
1983 年
『判例コンメンタール（9）刑法Ⅱ〔増補版〕』［編］（三省堂）
『判例コンメンタール（10）刑法Ⅲ〔増補版〕』［編］（三省堂）
『演習刑法総論［新演習法律学講座］』［共編］（青林書院新社）
『演習刑法各論［新演習法律学講座］』［共編］（青林書院新社）
『團藤重光博士古稀祝賀論文集・第 1 巻』［共編］（有斐閣）
『模範六法・昭和 59 年版』［共編］（三省堂）
『CONTEMPORARY PROBLEMS IN CRIMINAL JUSTICE（團藤重光博士古稀祝賀論文集・第 5 巻［外国編］）』［共編］（有斐閣）
1984 年
『團藤重光博士古稀祝賀論文集・第 2 巻』［共編］（有斐閣）
『團藤重光博士古稀祝賀論文集・第 3 巻』［共編］（有斐閣）
『刑法判例集』［共編］（有斐閣）
『模範六法・昭和 60 年版』［共編］（三省堂）
1985 年
『ワークブック刑法〔新版〕』［共編］（有斐閣）
『團藤重光博士古稀祝賀論文集・第 4 巻』［共編］（有斐閣）
『模範六法・昭和 61 年版』［共編］（三省堂）
1986 年
『コンサイス六法・昭和 62 年版』［共編］（三省堂）
『模範六法・昭和 62 年版』［共編］（三省堂）
1987 年
『コンサイス六法・昭和 63 年版』［共編］（三省堂）
『法と刑罰の歴史的考察－平松義郎博士追悼論文集』［共編］（名古屋大学出版会）
『模範六法・昭和 63 年版』［共編］（三省堂）
1988 年
『大コンメンタール刑法・第 9 巻［第 230 条～第 245 条］』［共編］（青林書院）
『コンサイス六法・昭和 64 年版』［共編］（三省堂）
『模範六法・昭和 64 年版』［共編］（三省堂）
1989 年
『大コンメンタール刑法・第 2 巻［第 35 条～第 44 条］』［共編］（青林書院）

『大コンメンタール刑法･第 10 巻〔第 246 条〜第 264 条〕』〔共編〕（青林書院）
『コンサイス六法・平成 2 年版』〔共編〕（三省堂）
『模範六法・平成 2 年版』〔共編〕（三省堂）

1990 年
『大コンメンタール刑法・第 4 巻〔第 73 条〜第 107 条〕』〔共編〕（青林書院）
『大コンメンタール刑法・第 3 巻〔第 45 条〜第 72 条〕』〔共編〕（青林書院）
『大コンメンタール刑法・第 6 巻〔第 148 条〜第 173 条〕』〔共編〕（青林書院）
『大コンメンタール刑法・第 5 巻〔第 108 条〜第 147 条〕』〔共編〕（青林書院）
『コンサイス六法・平成 3 年版』〔共編〕（三省堂）
『模範六法・平成 3 年版』〔共編〕（三省堂）

1991 年
『大コンメンタール刑法･第 1 巻〔第 1 条〜第 34 条ノ 2〕』〔共編〕（青林書院）
『大コンメンタール刑法・第 7 巻〔第 174 条〜第 198 条〕』〔共編〕（青林書院）
『大コンメンタール刑法・第 8 巻〔第 199 条〜第 229 条〕』〔共編〕（青林書院）
『コンサイス六法・平成 4 年版』〔共編〕（三省堂）
『模範六法・平成 4 年版』〔共編〕（三省堂）

1992 年
『大コンメンタール刑法・別巻〔総索引ほか〕』〔共編〕（青林書院）
『コンサイス六法・平成 5 年版』〔共編〕（三省堂）
『模範六法・平成 5 年版』〔共編〕（三省堂）

1993 年
『コンサイス六法・平成 6 年版』〔共編〕（三省堂）
『模範六法・平成 6 年版』〔共編〕（三省堂）

1994 年
『刑法判例集〔第 2 版〕』〔共編〕（有斐閣）
『コンサイス六法・平成 7 年版』〔共編〕（三省堂）
『模範六法・平成 7 年版』〔共編〕（三省堂）

1995 年
『新刑事政策入門』〔編〕（青林書院）
『コンサイス六法・平成 8 年版』〔共編〕（三省堂）
『模範六法・平成 8 年版』〔共編〕（三省堂）

1996 年
『刑法判例集〔第 3 版〕』〔共編〕（有斐閣）
『新・判例コンメンタール刑法 1・総則（1）〔第 1 条〜第 35 条〕』〔共編〕（三省堂）
『新・判例コンメンタール刑法 2・総則（2）〔第 36 条〜第 42 条〕』〔共編〕（三省堂）

『新・判例コンメンタール刑法 3・総則（3）［第 43 条～第 72 条］』［共編］（三省堂）

『コンサイス六法・平成 9 年版』［共編］（三省堂）

『模範六法・平成 9 年版』［共編］（三省堂）

1997 年

『新・判例コンメンタール刑法 4・罪（1）［第 73 条～第 173 条］』［共編］（三省堂）

『新・判例コンメンタール刑法 5・罪（2）［第 174 条～第 229 条］』［共編］（三省堂）

『コンサイス六法・平成 10 年版』［共編］（三省堂）

『模範六法・平成 10 年版』［共編］（三省堂）

1998 年

『新・判例コンメンタール刑法 6・罪（3）［第 230 条～第 264 条］』［共編］（三省堂）

『新・判例コンメンタール刑法・刑事訴訟法［別巻］』［共編］（三省堂）

『コンサイス六法・平成 11 年版』［共編］（三省堂）

『模範六法・平成 11 年版』［共編］（三省堂）

1999 年

『大コンメンタール刑法・第 3 巻［第 38 条～第 42 条］〔第 2 版〕』［共編］（青林書院）

『大コンメンタール刑法・第 4 巻［第 43 条～第 59 条］〔第 2 版〕』［共編］（青林書院）

『大コンメンタール刑法・第 6 巻［第 73 条～第 107 条］〔第 2 版〕』［共編］（青林書院）

『大コンメンタール刑法・第 2 巻［第 35 条～第 37 条］〔第 2 版〕』［共編］（青林書院）

『大コンメンタール刑法・第 5 巻［第 60 条～第 72 条］〔第 2 版〕』［共編］（青林書院）

『コンサイス六法・平成 12 年版』［編集顧問］（三省堂）

『模範六法・平成 12 年版』［編集顧問］（三省堂）

2000 年

『大コンメンタール刑法・第 9 巻［第 174 条～第 192 条］〔第 2 版〕』［共編］（青林書院）

『大コンメンタール刑法・第 7 巻［第 108 条～第 147 条］〔第 2 版〕』［共編］（青林書院）

『大コンメンタール刑法・第 13 巻［第 246 条～第 264 条］〔第 2 版〕』［共編］（青林書院）

『コンサイス六法・平成 13 年版』［編集顧問］（三省堂）

『模範六法・平成 13 年版』［編集顧問］（三省堂）

2001年

『新実例刑法総論』［共編］（青林書院）

『刑法判例集〔第4版〕』［共編］（有斐閣）

『大コンメンタール刑法・第8巻［第148条～第173条］〔第2版〕』［共編］（青林書院）

『コンサイス六法・平成14年版』［編集顧問］（三省堂）

『模範六法・平成14年版』［編集顧問］（三省堂）

2002年

『大コンメンタール刑法・第11巻［第209条～第229条］〔第2版〕』［共編］（青林書院）

『コンサイス六法・平成15年版』［編集顧問］（三省堂）

『模範六法・平成15年版』［編集顧問］（三省堂）

2003年

『大コンメンタール刑法・第12巻［第230条～第245条］〔第2版〕』［共編］（青林書院）

『コンサイス六法・平成16年版』［編集顧問］（三省堂）

『模範六法・平成16年版』［編集顧問］（三省堂）

2004年

『大コンメンタール刑法・第1巻［序論・第1条～第34条の2］〔第2版〕』［共編］（青林書院）

『コンサイス六法・平成17年版』［編集顧問］（三省堂）

『模範六法・平成17年版』［編集顧問］（三省堂）

2005年

『コンサイス六法・平成18年版』［編集顧問］（三省堂）

『模範六法・平成18年版』［編集顧問］（三省堂）

2006年

『大コンメンタール刑法・第10巻［第193条～第208の3条］〔第2版〕』［共編］（青林書院）

『コンサイス六法・平成19年版』［編集顧問］（三省堂）

『模範六法・平成19年版』［編集顧問］（三省堂）

2007年

『コンサイス六法・平成20年版』［編集顧問］（三省堂）

『模範六法・平成20年版』［編集顧問］（三省堂）

2008年

『コンサイス六法・平成21年版』［編集顧問］（三省堂）

『模範六法・平成21年版』［編集顧問］（三省堂）

2009年

『コンサイス六法・平成22年版』［編集顧問］（三省堂）

『模範六法・平成 22 年版』［編集顧問］（三省堂）

2010 年

『コンサイス六法・平成 23 年版』［編集顧問］（三省堂）

『模範六法・平成 23 年版』［編集顧問］（三省堂）

2011 年

『コンサイス六法・平成 24 年版』［編集顧問］（三省堂）

『模範六法・平成 24 年版』［編集顧問］（三省堂）

2012 年

『コンサイス六法・平成 25 年版』［編集顧問］（三省堂）

『模範六法・平成 25 年版』［編集顧問］（三省堂）

2013 年

『大コンメンタール刑法・第 9 巻［第 174 条～第 192 条］〔第 3 版〕』［共編］（青林書院）

『大コンメンタール刑法・第 4 巻［第 43 条～第 59 条］〔第 3 版〕』［共編］（青林書院）

『コンサイス六法・平成 26 年版』［編集顧問］（三省堂）

『模範六法・平成 26 年版』［編集顧問］（三省堂）

2014 年

『大コンメンタール刑法・第 8 巻［第 148 条～第 173 条］〔第 3 版〕』［共編］（青林書院）

『大コンメンタール刑法・第 7 巻［第 108 条～第 147 条］〔第 3 版〕』［共編］（青林書院）

2．論文等

(1)　単行論文

1952 年

「遺棄罪」『刑事法講座・第 7 巻』（有斐閣）

1953 年

「間接正犯の正犯性（1）」刑法雑誌 4 巻 2 号

1954 年

「尊属殺罪成立後の民法改正と刑の変更の有無」警察研究 25 巻 5 号

1955 年

「いわゆる『故意ある道具』について」名古屋大学法政論集 3 巻 1 号

「間接正犯の正犯性（2・完）」刑法雑誌 5 巻 3 号

「誘拐・監禁・遺棄罪」『刑法演習（各論）』（有斐閣）

「西独における刑法改正論議の動向」法律時報 27 巻 10 号

「『自手犯』について」刑法雑誌 6 巻 1 号

「新旧両派の刑法理論とその止揚の動向」法律時報 27 巻 10 号

1956年
「期待可能性」『法律学150講・刑法7』法学セミナー9号
「刑罰－その本質について」『法哲学講座・第8巻』（有斐閣）
1957年
「刑法改正に対する意見（1. 違法性の意識 2. 自救行為）」法律時報29巻2号
「期待可能性論」『刑法学入門』（有斐閣）
「自動車運転者の注意義務－業務上過失致死傷罪に関する判例をめぐって」法律時報29巻11号
「間接正犯概念の生成について」『木村亀二博士還暦祝賀・刑事法学の基本問題（上）』（有斐閣）
1958年
「自救行為の成否」警察研究29巻3号
「学界回顧（1958年度）」法律時報30巻12号
1959年
「いわゆる平事件と騒擾罪の成立」判例評論16号
「犯罪の程度」書斎の窓65号
「間接正犯の未遂」法学新報66巻5号
「学界回顧（1959年度）」法律時報31巻13号
1960年
「過失による交通事犯と危険の分配－判例の動向」刑法雑誌10巻2号
「犯罪規定上の問題点」警察学論集13巻6号
「間接正犯の未遂」『故林頼三郎博士追悼・刑事法学論集』（中央大学法学会）
「遺棄」「財物」「不法領得の意思」「不法原因給付と横領」「公務員利用の虚偽公文書作成と間接正犯」『刑法各論』（青林書院新社）
「刑罰の観念」法律時報32巻8号
1961年
「いわゆる平事件と騒擾罪－最高裁判所判決をめぐって」判例評論34号
「不法領得の意思」月刊法学教室1号
1962年
「刑罰の観念・改正刑法準備草案の問題点－第5章・第6章について」法律時報34巻3号
「白地刑法」「自手犯」「侵害犯と危殆犯」「即時犯と継続犯」「目的犯」「因果関係の中断」「事実の欠缺」『刑法総論』（青林書院新社）
「捜査のための写真撮影と肖像権」判例評論48号
「交通事犯と刑事責任」法律時報34巻6号
「刑法演習問題5題」月刊法学教室5号
「違法性と違法性阻却事由（セミナー・刑法の基礎4）」法学セミナー81号

著作目録

1963年

「行為論の意義」月刊法学教室6号

「安楽死の要件」法律のひろば16巻3号

「刑法－積極的な学び方（基礎法学ガイダンス）」法学セミナー85号

「法律の錯誤」『刑法の基本問題37講』（一粒社）

「過失犯における注意義務」『刑法講座・第3巻』（有斐閣）

「行為論」『刑法講座・第2巻』（有斐閣）

1964年

「死刑廃止論」ジュリスト300号

「不法領得の意思」『刑法講座・第6巻』（有斐閣）

「間接正犯と教唆犯との錯誤」『齋藤金作博士還暦祝賀・現代の共犯理論』（有斐閣）

「間接正犯と従犯の錯誤」名古屋大学法政論集29号

1965年

「刑法演習5題」『演習刑法35問』（有斐閣）

「性と刑法」『岩波講座現代法Ⅱ』（岩波書店）

「裁判権と管轄権」『刑事訴訟法基本問題46講』（一粒社）

1966年

「過失行為の利用と間接正犯」『日沖憲郎博士還暦祝賀・過失犯（1）』（有斐閣）

「共犯論－共同正犯の諸問題」『特別研修叢書（昭和40年度）』（日本弁護士連合会）

1968年

「医療過誤と刑事責任」『一般医家のための医療過誤の諸問題』（金原出版）

1969年

「犯罪と刑罰についての法律」『現代国民法律全書』（金原出版）

「騒擾罪の故意」研修247号

「法律の錯誤」『刑法の基本問題37講〔増補版〕』（一粒社）

1970年

「不動産の損壊」『不動産法大系・第6巻』（青林書院）

1971年

「片面的共犯の成否」『植松正博士還暦祝賀・刑法と科学（法律編）』（有斐閣）

1972年

「犯罪と自由刑」『刑罰の理論と実現』（岩波書店）

1973年

「尊属殺人罪に対する違憲判決をめぐって」ジュリスト532号

「共同正犯関係からの離脱」研修301号

1974年

『注釈刑法補巻（1）』（有斐閣）（「第1編第1章第7条・第6章前注第31条〜第34条」）

「リスト・ドイツ国刑法」法学セミナー225号別冊付録『法学者 人と作品』

1975年

「改正刑法草案の逐条的検討・第1編第4章『正犯および共犯』」『法律時報臨時増刊・改正刑法草案の総合的検討』（日本評論社）

「誤想過剰防衛について」研修325号

1976年

『注釈刑法補巻（2）』（有斐閣）（「第1編第1章第7条、第7章第39条、第11章前注、第60章、第2編第5章、第17章、第26章、第30章、第38章第252条、第253条」）

「故意説か責任説か」『論争刑法』（世界思想社）

「日本の大学における法学教育について」つるまい63号

1977年

「間接正犯の可能性」研修344号

「結果的加重犯の共同正犯」名古屋大学法政論集70号（柏木千秋教授退官記念論文集）

「医療過誤と刑事責任」『一般医家のための医療過誤の諸問題〔改訂第2版〕』（金原出版）

1978年

「刑法および刑法理論（研修講座・刑法（1））」研修355号

「罪刑法定主義（研修講座・刑法（2））」研修356号

「犯罪論の構造（研修講座・刑法（3））」研修357号

「構成要件の概念（研修講座・刑法（4））」研修358号

「構成要件の概念 その1（研修講座・刑法（5））」研修359号

「構成要件の概念 その2（研修講座・刑法（6））」研修360号

「違法性の概念・違法性阻却事由 その1（研修講座・刑法（7））」研修361号

「違法性の概念・違法性阻却事由 その2（研修講座・刑法（8））」研修362号

「責任の概念・責任の要素 その1（研修講座・刑法（9））」研修363号

「責任の概念・責任の要素 その2（研修講座・刑法（10））」研修364号

「未遂犯（研修講座・刑法（11））」研修365号

「共犯 その1（研修講座・刑法（12））」研修366号

1979年

「共犯 その2（研修講座・刑法（13））」研修367号

「罪数（研修講座・刑法（14））」研修368号

「刑罰（研修講座・刑法（15））」研修369号

「刑法各論の意義、体系、および生命・身体に対する罪 その1（研修講座・刑法（16））」研修370号

「生命・身体に対する罪 その2（研修講座・刑法（17））」研修371号
「自由に対する罪（研修講座・刑法（18））」研修372号
「私生活の平穏・名誉・信用・業務に対する罪（研修講座・刑法（19））」研修373号
「財産に対する罪 その1（研修講座・刑法（20））」研修374号
「財産に対する罪 その2（研修講座・刑法（21））」研修375号
「財産に対する罪 その3（研修講座・刑法（22））」研修376号
「財産に対する罪 その4（研修講座・刑法（23））」研修377号
「財産に対する罪 その5（研修講座・刑法（24））」研修378号

1980年
「公共の安全に対する罪（研修講座・刑法（25））」研修379号
「公共の信用に対する罪 その1（研修講座・刑法（26））」研修380号
「公共の信用に対する罪 その2および風俗に対する罪（研修講座・刑法（27））」研修381号
「国家の存立に対する罪および国家の作用に対する罪 その1（研修講座・刑法（28））」研修382号
「国家の存立に対する罪および国家の作用に対する罪 その2（研修講座・刑法（29））」研修383号
「国家の存立に対する罪および国家の作用に対する罪 その3（研修講座・刑法（30））」研修384号
「昭和55年版犯罪白書を読んで」罪と罰18号

1981年
「事実の錯誤について」月刊法学教室13号
「常習累犯窃盗と窃盗の着手にいたらない住居侵入剤との財数関係」研修402号
「行刑の現実と展望」『行刑の現代的視点』（有斐閣）

1982年
「談合罪の問題点」ジュリスト759号
「刑法の諸問題」書研所報32号
「行刑の運営と受刑者の権利義務」『現代刑罰法大系・第7巻』（成文堂）

1983年
「刑法の諸問題」書研所報33号
「犯罪構成要件の確定」司法研修所論集70号
「人格的行為論について」『團藤重光博士古稀祝賀記念論文集・第1巻』（有斐閣）

1985年
「リスト（Franz von Liszt）」『法学者 人と作品』（日本評論社）

1986年

「具体的事実の錯誤･抽象的事実の錯誤･不法領得の意思」『法令解釈事典（上）』（鹿島出版）

1987年

「放火罪の既遂時期に関する『燃え上がり説』の意義」『平松義郎博士追悼論文集・法と刑罰の歴史的考察』（名古屋大学出版会）

1988年

「現代社会と刑法理論－私の学説変遷（1）」Article30号

「現代社会と刑法理論－私の学説変遷（2）」Article31号

1989年

「共同正犯－過失犯の共同正犯〈演習〉」月刊法学教室103号

「間接正犯－実行の着手〈演習〉」月刊法学教室104号

「緊急避難－自招の危難と緊急避難〈演習〉」月刊法学教室105号

「事実の錯誤－因果関係の錯誤〈演習〉」月刊法学教室106号

「事実の錯誤－抽象的事実の錯誤、構成要件の重なり合い〈演習〉」月刊法学教室107号

「原因において自由な行為－心神耗弱時の犯行〈演習〉」月刊法学教室108号

「安楽死－その要件、嘱託についての錯誤〈演習〉」月刊法学教室109号

「中止犯－任意性、実行の終了、共犯の中止〈演習〉」月刊法学教室110号

「過失－監督過失〈演習〉」月刊法学教室111号

1990年

「被害者の承諾－強盗殺人罪の擬律〈演習〉」月刊法学教室112号

「法人の犯罪能力と刑事責任（1）」Article46号

「緊急避難－過失行為による緊急避難〈演習〉」月刊法学教室113号

「法人の犯罪能力と刑事責任（2）」Article47号

「実行の着手－他人予備行為、予備の中止、予備の共犯〈演習〉」月刊法学教室114号

「不真正不作為犯の諸問題（1）」Article48号

「教唆犯－共犯の従属性〈演習〉」月刊法学教室115号

「不真正不作為犯の諸問題（2）」Article49号

「従犯－不作為による片面的幇助〈演習〉」月刊法学教室116号

「不真正不作為犯の諸問題（3）」Article50号

「遺棄罪－遺棄の意義〈演習〉」月刊法学教室117号

「不真正不作為犯の諸問題（4）」Article51号

「窃盗罪－上下関係と占有、毀棄の意思による奪取行為の罪責〈演習〉」月刊法学教室118号

「不真正不作為犯の諸問題（5）」Article52号

「横領罪－不動産の二重売買〈演習〉」月刊法学教室119号

「不真正不作為犯の諸問題（6）」Article53号

「共同正犯関係からの離脱〈演習〉」月刊法学教室 120 号
「原因において自由な行為（1）」Article54 号
「傷害罪－胎児性の傷害〈演習〉」月刊法学教室 121 号
「原因において自由な行為（2）」Article55 号
「窃盗罪－本件説と占有説〈演習〉」月刊法学教室 122 号
「原因において自由な行為（3）」Article56 号
「強盗罪－財産上の利益の意義、財産的処分行為の要否、強盗殺人罪の既遂・未遂〈演習〉」月刊法学教室 123 号
「原因において自由な行為（4）」Article57 号

1991 年

「詐欺罪－欺罔行為、財産上の利益、財産的処分行為〈演習〉」月刊法学教室 124 号
「恐喝罪－権利行使と恐喝罪〈演習〉」月刊法学教室 125 号
「原因において自由な行為（5）」Article59 号
「贓物罪－贓物罪の要件〈演習〉」月刊法学教室 126 号
「原因において自由な行為（6）」Article60 号
「荘子教授の共謀共同正犯理論」『荘子邦雄先生古稀祝賀・刑事法の思想と理論』（第一法規出版）
「原因において自由な行為（7）」Article61 号
「原因において自由な行為（8）」Article62 号
「過失犯の共同正犯の成立要件」法曹時報 43 巻 6 号
「原因において自由な行為（9）」Article64 号
「原因において自由な行為（10）」Article65 号
「原因において自由な行為（11）」Article66 号
「原因において自由な行為（12）」Article67 号
「原因において自由な行為（13）」Article68 号
「原因において自由な行為（14・完）」Article69 号

1992 年

「正当防衛における『已ムコトヲ得サルニ出テタル行為』の意義（1）」Article71 号
「正当防衛における『已ムコトヲ得サルニ出テタル行為』の意義（2）」Article72 号
「正当防衛における『已ムコトヲ得サルニ出テタル行為』の意義（3）」Article73 号
「正当防衛における『已ムコトヲ得サルニ出テタル行為』の意義（4）」Article74 号
「正当防衛における『已ムコトヲ得サルニ出テタル行為』の意義（5・完）」Article76 号

1996年

「横領罪と背任罪との区別（3）」Article130号

1997年

「盗品関与罪の本質と処罰範囲（2）」Article133号

2012年

「團藤重光先生をお偲びして」刑事法ジャーナル34号

2013年

「團藤先生の刑法理論」論究ジュリスト4号

(2) 共著論文

1951年

「ドイツ刑法学界の消息」刑法雑誌2巻1号

1955年

「東ドイツ刑法学界の現状」名古屋大学法政論集3巻2号

3．判例評釈

1950年

「贈賄のためその資金を預かった者の領得行為と横領罪（最判昭和23年6月25日刑集2巻7号641頁）」判例研究2巻4号［共同執筆］

「刑法253条の業務（最判昭和23年6月5日刑集2巻7号647頁）」判例研究2巻4号［共同執筆］

「憲法38条2項および刑訴応急措置法10条2項の『不当に長く抑留若しくは拘禁された後の自白』の意義－刑訴応急措置法12条による被告人の訊問請求権と裁判所の告知義務（最判昭和23年6月23日刑集2巻7号715頁）」判例研究2巻4号［共同執筆］

「精神状態の認定と鑑定の要否、心神耗弱又は心神喪失の認定と証拠証明の要否－判決後の刑の執行猶予の条件に関する規定の改正と上告理由（最判昭和23年7月6日刑集2巻8号785頁）」判例研究2巻5号

「刑訴応急措置法12条1項本文に規定せられる被告人の訊問請求権と裁判所の告知義務－憲法37条1項にいわゆる『公平な裁判所』の意義、憲法38条1項は被告人に対する黙秘権の告知義務を裁判所に課した趣旨か－刑訴73条および74条の形式に違背した被害届の証拠能力（最大判昭和23年7月14日刑集2巻8号846頁）」判例研究2巻5号

「裁判所法施行令1条は違憲か－裁判所法施行令と裁判所法7条、17条および裁判所法施行法2条との関係（最判大法廷昭和23年7月19日刑集2巻8号922頁）」判例研究2巻5号［共同執筆］

「『不当に長く抑留若しくは拘禁された後の自白』にあたる事例－高等裁判所の上告審判決の判断が憲法に適合しないとする再上告を理由ありとし且つ事実の確定に影響を及ぼすべき法令の違反があると認めたときの最高裁判所の裁判（最大判昭和23年7月19日刑集2巻8号944頁）」判例研究2巻5号

「強盗罪の構成要件たる『他人の財物』を判示する程度（最判昭和23年7月22日刑集2巻9号1000頁）」判例研究2巻6号

「銃砲等所持禁止令1条違反の罪の判示方法－刑訴329条の『公判廷』の意義－刑訴72条に違背する文字挿入の効力－審判の公開と公判調書の記載－銃砲の所持を処罰しない旨の一地方行政官等の掲示と刑訴415条－勾留状に記載すべき『執行の場所』、勾留状の執行日時の誤記、勾留状を執行した巡査の所属官署の記載の缺如と勾留状の効力－憲法38条2項等の不当に長い拘禁後の自白－銃砲等所持禁止令1条の意義－同令違反の故意（最大判昭和23年7月29日刑集2巻9号1076頁）」判例研究2巻6号

「官選弁護人が記録を精読する時間を持たなかった場合と弁護権の不法制限（最判昭和23年8月5日刑集2巻9号1139頁）」判例研究2巻6号

「刑訴応急措置法10条2項にいわゆる『不当に長く……拘禁された後の自白』の意義（最判昭和23年9月18日刑集2巻10号1209頁）」判例研究2巻6号

1951年

「放火罪の既遂時期－いわゆる焼燬の概念（最判昭和23年11月2日刑集2巻12号1443頁）」判例研究2巻7号

「酩酊の程度の認定と精神鑑定の要否（最判昭和23年12月11日刑集2巻13号1735頁）」判例研究2巻8号

「同一被告人に対して同時に繫属した数個の被告事件の審判方法－住居侵入罪と強盗罪の関係－第2審判決に対する上告理由と第1審判決の瑕疵（最判昭和23年12月24日刑集2巻14号1916頁）」判例研究2巻8号

「恐喝罪における財物の領得行為（最判昭和24年1月11日刑集3巻1号1頁）」判例研究3巻1号

「銃砲等所持禁止令違反の罪となるべき事実－刑訴応急措置法12条1項による供述者尋問の請求－司法警察官の聴取書中に括弧を施して加えた注釈の意味－第1審で言渡した不定期刑に対して控訴審で定期刑を言渡すことと不利益変更の有無･附帯控訴の認定（最判昭和24年3月10日刑集3巻3号281頁）」判例研究3巻1号

「横領罪における不法領得の意思（最判昭和24年3月8日刑集3巻3号276頁）」判例研究3巻2号

「強盗犯人が被害者を脅迫しているときにその傍に佇立していた者の責任（最判昭和23年6月22日刑集2巻7号711頁）」『刑事判例評釈集・9巻〈昭和23年度（中）〉』（有斐閣）

「憲法38条2項および刑訴応急措置法10条2項の『不当に長く抑留若しくは拘禁された後の自白』の意義－刑訴応急措置法12条による被告人の訊問請求権と裁判所の告知義務（最大判昭和23年6月23日刑集2巻7号715頁）」『刑事判例評釈集・9巻〈昭和23年度（中）〉』（有斐閣）

「官選弁護人が記録を精読する時間を持たなかった場合と弁護権の不法制限（最判昭和23年8月5日刑集2巻9号1139頁）」『刑事判例評釈集・9巻〈昭和23年度（中）〉』（有斐閣）

「刑訴応急措置法10条2項にいわゆる『不当に長く……拘禁された後の自白』

の意義（最判昭和23年9月18日刑集2巻10号1209頁）」『刑事判例評釈集・9巻〈昭和23年度（中）〉』（有斐閣）

1952年

「賭場開帳図利罪の構成要件としての『利ヲ図リタル』の意義（最判昭和24年6月16日刑集3巻7号1070頁）」判例研究3巻3号

「加工による贓物性の消滅（最判昭和24年10月20日刑集3巻10号1660頁）」判例研究3巻4号

1953年

「横領罪と委託関係（東京高判昭和25年6月19日高刑集3巻2号227頁）」法学協会雑誌70巻4号

「放火罪の既遂時期（いわゆる焼燬の概念）（最判昭和23年11月2日刑集2巻12号1443頁）」『刑事判例評釈集・10巻〈昭和23年度（下）〉』（有斐閣）

「酩酊の程度の認定と精神鑑定の要否（最判昭和23年12月11日刑集2巻13号1735頁）」『刑事判例評釈集・10巻〈昭和23年度（下）〉』（有斐閣）

「同一被告人に対して同時に繋属した数個の被告事件の審判方法－住居侵入罪と強盗罪の関係－第2審判決に対する上告理由と第1審判決の瑕疵（最判昭和23年12月24日刑集2巻14号1916頁）」『刑事判例評釈集・10巻〈昭和23年度（下）〉』（有斐閣）

1954年

「恐喝罪における財物の領得行為（最判昭和24年1月11日刑集3巻1号1頁）」『刑事判例評釈集・11巻〈昭和24年度〉』（有斐閣）

「横領罪における不法領得の意思（最判昭和24年3月8日刑集3巻3号276頁）」『刑事判例評釈集・11巻〈昭和24年度〉』

「加工による贓物性の消滅（最判昭和24年10月20日刑集3巻10号1660頁）」『刑事判例評釈集・11巻〈昭和24年度〉』（有斐閣）

「尊属殺人罪成立後の民法改正と刑の変更の有無（最判昭和27年12月25日刑集6巻12号1442頁）」警察研究25巻5号

「窃取または騙取した郵便貯金通帳によって貯金を引き出す行為と詐欺罪の成否（最判昭和25年2月24日刑集4巻2号255頁）」判例研究4巻1号

「昭和22年商工省第18号（石炭等売渡規則）第3条の合法性－同条の合憲性－同条違反の行為と窃盗行為との関係－罰金刑および労役場留置制度と憲法第14条（最大判昭和25年6月7日刑集4巻6号956頁）」判例研究4巻1号

「窃取または騙取した郵便貯金通帳によって貯金を引き出す行為と詐欺罪の成否（最判昭和25年2月24日刑集4巻2号255頁）」『刑事判例評釈集・12巻〈昭和25年度〉』（有斐閣）

1955年

「貯蓄信用組合の理事が組合名義を冒用し組合員以外の者から収受した預金の所有権－右の預金を組合員以外の者に無担保で貸し出す行為と組合に対する背任罪の成否（最判昭和29年11月5日刑集8巻11号1675頁）」判例評論1号

著作目録

1956年

「刑法235条と旧警察犯処罰令2条29号との関係（最判昭和26年3月15日刑集5巻4号512頁）」『刑事判例評釈集・13巻〈昭和26年度〉』（有斐閣）

1957年

「尊属殺人罪成立後の民法改正と刑の変更の有無（最判昭和27年12月25日刑集6巻12号1442頁）」『刑事判例評釈集・14巻〈昭和27年度〉』（有斐閣）

1958年

「自救行為の成否（最判昭和30年11月11日刑集9巻12号2438頁）」警察研究29巻3号

「宿泊客が旅館の丹前等を着用したまま立ち去った行為の刑事責任（最判昭和31年1月19日刑集10巻1号67頁）」名古屋大学法政論集11号[共同執筆]

1959年

「音響の使用と刑法208条の暴行（最判昭和29年8月20日刑集8巻7号1277頁）」警察研究32巻1号

1960年

「外国人登録証明書に貼付された写真を他の者の写真と貼り代える行為は公文書の偽造か変造か」警察研究31巻4号

「強盗殺人罪（大連判大正11年12月22日刑集1巻12号815頁）」ジュリスト200号

「身分と共犯（大判昭和9年11月20日刑集13巻20号1514頁）」『続判例百選』（有斐閣）

「観念的競合の処分における『最モ重キ刑』の意味」（最判昭和28年4月14日刑集7巻4号850頁）」『刑事判例評釈集・15巻〈昭和28年度〉』（有斐閣）

「麻薬の譲渡とその直後の所持との関係（最判昭和28年12月18日刑集7巻12号2565頁）」『刑事判例評釈集・15巻〈昭和28年度〉』（有斐閣）

1961年

「正当防衛と防衛の意思（大判昭和11年12月7日刑集15巻22号561頁）」法学セミナー64号

「音響の使用と刑法208条の暴行（最判昭和29年8月20日刑集8巻7号1277頁）」『刑事判例評釈集・16巻〈昭和29年度〉』（有斐閣）

「死体に対する殺人行為と不能犯（広島高判昭和36年1月11日判例時報269号）」判例評論43号

1962年

「両罰規定における業務主処罰の論拠（最大判昭和32年11月27日刑集11巻12号3113頁）」『行政判例百選』（有斐閣）

1963年

「強制による自白－小島事件（最判昭和33年6月13日刑集11巻9号2009頁）」『憲法判例百選』（有斐閣）

「不当に長い拘留・拘禁後の自白（最判昭和23年6月23日刑集2巻7号715頁）」『憲法判例百選』（有斐閣）

「公判廷に於ける被告人の自白と『本人の自白』(最判昭和 23 年 7 月 29 日刑集 2 巻 9 号 1012 頁)」『憲法判例百選』(有斐閣)

1964 年

「安楽死(名古屋高判昭和 37 年 12 月 22 日高刑集 15 巻 9 号 674 頁)」『刑法判例百選』(有斐閣)

「独立燃焼説(最判昭和 25 年 5 月 25 日刑集 4 巻 5 号 854 頁)」『刑法判例百選』(有斐閣)

「不法原因給付にかかる物件の横領(最判昭和 23 年 6 月 5 日刑集 2 巻 7 号 641 頁)」『刑法判例百選』(有斐閣)

1965 年

「火焔びんは爆発物か(最判大法廷昭和 31 年 6 月 27 日刑集 10 巻 6 号 921 頁)」『刑事訴訟法判例百選[別冊ジュリスト No.1]』(有斐閣)

「強盗殺人罪(大連判大正 11 年 12 月 22 日刑集 15 巻 9 号 674 頁)」『判例百選〔第 2 版〕[別冊ジュリスト No.2]』(有斐閣)

「身分と共犯(大判昭和 9 年 11 月 20 日刑集 13 巻 20 号 1514 頁)」『続判例百選〔第 2 版〕[別冊ジュリスト No.3]』(有斐閣)

「両罰規定における業務主処罰の論拠(最大判昭和 32 年 11 月 27 日刑集 11 巻 12 号 3113 頁)」『行政判例百選〔第 2 版〕[別冊ジュリスト No.4]』(有斐閣)

1966 年

「自救行為の成否(最判昭和 30 年 11 月 11 日刑集 9 巻 12 号 2438 頁)」『刑事判例評釈集・17 巻〈昭和 30 年度〉』(有斐閣)

1967 年

「未必の故意－自動車事故について暴行の故意が認められた事例(広島高判昭和 36 年 8 月 25 日高刑集 14 巻 5 号 333 頁)」『ジュリスト増刊・基本判例解説シリーズ 2 刑法の判例』(有斐閣)

1969 年

「業務上過失致死傷罪と因果関係(最決昭和 42 年 10 月 24 日刑集 21 巻 8 号 1116 頁)」判例評論 117 号

1970 年

「安楽死(名古屋高判昭和 37 年 12 月 22 日高刑集 15 巻 9 号 674 頁)」『刑法判例百選〔新版〕[別冊ジュリスト No.27]』(有斐閣)

「独立燃焼説(最判昭和 25 年 5 月 25 日刑集 4 巻 5 号 854 頁)」『刑法判例百選〔新版〕[別冊ジュリスト No.27]』(有斐閣)

「不法原因給付にかかる物件の横領(最判昭和 23 年 6 月 5 日刑集 2 巻 7 号 641 頁)」『刑法判例百選〔新版〕[別冊ジュリスト No.27]』(有斐閣)

「両罰規定における業務主処罰の論拠(最判大法廷昭和 32 年 11 月 27 日刑集 11 巻 12 号 3113 頁)」『行政判例百選〔新版〕[別冊ジュリスト No.28]』(有斐閣)

1971 年

「火焔びんは爆発物か(最判大法廷昭和 31 年 6 月 27 日刑集 10 巻 6 号 921 頁)」

『続刑法判例百選［別冊ジュリスト No.33]』（有斐閣）

1973 年

「未必の故意－自動車事故について暴行の故意が認められた事例（広島高判昭和 36 年 8 月 25 日高刑集 14 巻 5 号 333 頁）」『ジュリスト増刊・基本判例解説シリーズ 2 刑法の判例〔第 2 版〕』（有斐閣）

1978 年

「安楽死（名古屋高判昭和 37 年 12 月 22 日高刑集 15 巻 9 号 674 頁）」『刑法判例百選Ⅰ（総論）［別冊ジュリスト No.57]』（有斐閣）

「外国人登録証明書に貼付された写真を他の者の写真と貼り代える行為は公文書の偽造か変造か（最判昭和 31 年 3 月 6 日刑集 10 巻 3 号 282 頁」『刑事判例評釈集・18 巻〈昭和 31 年度〉』（有斐閣）

「独立燃焼説（最判昭和 25 年 5 月 25 日刑集 4 巻 5 号 854 頁）」『刑法判例百選Ⅱ（各論）［別冊ジュリスト No.58]』（有斐閣）

「不法原因給付にかかる物件の横領（最判昭和 23 年 6 月 5 日刑集 2 巻 7 号 641 頁）」『刑法判例百選Ⅱ（各論）［別冊ジュリスト No.58]』（有斐閣）

1979 年

「両罰規定における業務主処罰の論拠（最判大法廷昭和 32 年 11 月 27 日刑集 11 巻 12 号 3113 頁）」『行政判例百選Ⅱ［別冊ジュリスト No.62]』（有斐閣）

1980 年

「胎児性水俣病と業務上過失致死罪－熊本水俣病刑事事件判決（熊本地判昭和 54 年 3 月 22 日判例時報 931 号 6 頁）」『昭和 54 年度重要判例解説［ジュリスト臨時増刊 718 号]』（有斐閣）

1984 年

「火炎びんは爆発物か(最判大法廷昭和 31 年 6 月 27 日刑集 10 巻 6 号 921 頁)」『刑法判例百選Ⅰ（総論）〔第 2 版〕［別冊ジュリスト No.82]』（有斐閣）

「安楽死（名古屋高判昭和 37 年 12 月 22 日高刑集 15 巻 9 号 674 頁）」『刑法判例百選Ⅰ（総論）〔第 2 版〕［別冊ジュリスト No.82]』（有斐閣）

「不法原因給付にかかる物件の横領（最判昭和 23 年 6 月 5 日刑集 2 巻 7 号 641 頁）」『刑法判例百選Ⅱ（各論）〔第 2 版〕［別冊ジュリスト No.83]』（有斐閣）

「独立燃焼説（最判昭和 25 年 5 月 25 日刑集 4 巻 5 号 854 頁）」『刑法判例百選Ⅱ（各論）〔第 2 版〕［別冊ジュリスト No.83]』（有斐閣）

4．翻訳等

1962 年

『ハンス・ヴェルツェル（Hans Welzel）・目的的行為論序説－刑法体系の新様相（Das neue Bild des Strafrechtssystems）』［共訳］（日本評論社）

1979 年

『ハンス・ヴェルツェル（Hans Welzel）・目的的行為論序説－刑法体系の新様相（Das neue Bild des Strafrechtssystems）〔増補版〕』［共訳］（日本評論社）

5．書評等

1967年

「木村亀二著『犯罪論の新構造（上）』」法律時報39巻1号

6．座談会等

1956年

「刑法学の新しい展開」法律時報27巻10号

1984年

「行為論の考え方（対談刑法学1）」月刊法学教室43号
「因果関係をめぐって（1）（対談刑法学2）」月刊法学教室44号
「因果関係をめぐって（2）（対談刑法学3）」月刊法学教室45号
「不作為犯をめぐって（1）（対談刑法学4）」月刊法学教室46号
「不作為犯をめぐって（2）（対談刑法学5）」月刊法学教室47号
「不作為犯をめぐって（3）（対談刑法学6）」月刊法学教室48号
「過失犯をめぐる諸問題（1）（対談刑法学7）」月刊法学教室49号
「過失犯をめぐる諸問題（2）（対談刑法学8）」月刊法学教室50号
「過失犯をめぐる諸問題（3）（対談刑法学9）」月刊法学教室51号

1985年

「違法性に関する諸問題（1）（対談刑法学10）」月刊法学教室52号
「違法性に関する諸問題（2）（対談刑法学11）」月刊法学教室53号
「違法性に関する諸問題（3）（対談刑法学12）」月刊法学教室54号
「違法性に関する諸問題（4）（対談刑法学13）」月刊法学教室55号
「違法性に関する諸問題（5）（対談刑法学14）」月刊法学教室56号
「違法性に関する諸問題（6）（対談刑法学15）」月刊法学教室57号
「違法性に関する諸問題（7）（対談刑法学16）」月刊法学教室58号
「違法性に関する諸問題（8）（対談刑法学17）」月刊法学教室59号
「錯誤論をめぐる諸問題（1）（対談刑法学18）」月刊法学教室62号
「錯誤論をめぐる諸問題（2）（対談刑法学19）」月刊法学教室63号

1986年

「錯誤論をめぐる諸問題（3）（対談刑法学20）」月刊法学教室67号
「錯誤論をめぐる諸問題（4）（対談刑法学21）」月刊法学教室68号
「錯誤論をめぐる諸問題（5）（対談刑法学22）」月刊法学教室69号
「錯誤論をめぐる諸問題（6）（対談刑法学23）」月刊法学教室70号
「錯誤論をめぐる諸問題（7）（対談刑法学24）」月刊法学教室71号
「錯誤論をめぐる諸問題（8）（対談刑法学25）」月刊法学教室72号
「未遂犯に関する諸問題（1）（対談刑法学26）」月刊法学教室73号
「未遂犯に関する諸問題（2）（対談刑法学27）」月刊法学教室74号

「共犯に関する諸問題（1）（対談刑法学 28）」月刊法学教室 75 号
1987 年
「共犯に関する諸問題（2）（対談刑法学 29・最終回）」月刊法学教室 76 号
2001 年
「対談 最近の重要判例に見る刑法理論上の諸問題（1）」現代刑事法 3 巻 6 号
「対談 最近の重要判例に見る刑法理論上の諸問題（2）」現代刑事法 3 巻 8 号
2002 年
「対談 最近の重要判例に見る刑法理論上の諸問題（3）」現代刑事法 4 巻 4 号
2003 年
「対談 最近の重要判例に見る刑法理論上の諸問題（4・上）」現代刑事法 5 巻 4 号
「対談 最近の重要判例に見る刑法理論上の諸問題（4・下）」現代刑事法 5 巻 5 号
2004 年
「対談 最近の重要判例に見る刑法理論上の諸問題（5・上）」現代刑事法 6 巻 8 号
「対談 最近の重要判例に見る刑法理論上の諸問題（5・下）」現代刑事法 6 巻 9 号

7．その他
1958 年
「学界回顧・刑法」法律時報 30 巻 12 号
『刑事基本法令改正資料第 1 号（刑法改正に関する意見書集）』（法務省刑事局）
1959 年
「学界回顧・刑法」法律時報 31 巻 12 号
1971 年
「過失犯の基本構造について（特別講演）」司法研修所論集 48 号
1980 年
『カセットテープ刑法（総論）』（暁出版）
1981 年
『カセットテープ刑法（各論）』（暁出版）
1984 年
「人的違法観と人格責任（特別講演）」立命館大学法学会誌ほうゆう 36 号
1989 年
「人格的刑法学の構想（特別講演）」関西大学司法研シリーズ 6
「構成要件の理論（特別講演）」受験新報 39 巻 4 号
「共同正犯の本質（法学講演）」月刊法学教室 109 号

「人格的刑法学の構想（特別講演）」月刊法学教室 113 号

1993 年

「〈紹介〉何秉松主編『法人犯罪与刑事責任』」愛知大学法学部法経論集 132 号

1994 年

「刑法の学び方－刑法を学ぶにあたって」Article102 号

あとがき

「おとうさんの好きなこと。それは勉強！ その次ぎがごはん！」小学校一年生の頃、長男の直（現在、早稲田大学法学部教授）が日記に書いていたことを思い出します。夫の生活は、文字通り、研究の中に食事があり入浴があるという毎日でした。その姿勢は、いまも変わりなく続いています。

今から五十八年前、私たち夫婦の結婚の御媒酌の労をおとりくださったのが、夫の恩師であり、日本の刑法学界の頂点に立っていらっしゃる團藤重光先生でした。初めてお目にかかって緊張のあまりこちこちになっていた私の父（当時、福井地方裁判所統括判事）と私に「大塚君はとても勉強家で東大の法学部を首席で卒業しています。教え子の中でも極めて真面目で信頼のできる人物です。」とお話してくださったそのお姿が、豊かなお顔の表情と共に今でもはっきりと目に浮かんで参ります。

夫は、海軍時代に受けた厳しい訓練等を基盤として自己の形成した人格に支えられながら、研究に努めて参りましたが、日常生活の中でも物事を学びとる態度が、とても柔軟かつ素直で、まるで砂地に水が吸収されていくようでした。

このように、毎日毎日が研究と共にある夫ですから、新婚旅行中の宿において、夫の最初の著書である「刑法における新旧両派の理論」を書き上げて、翌日、出版社宛に送付したことも懐かしく思い出されます。

夫、大塚仁は、私にとって恩師であり、夢の対象であり希望であり祈りでもあります。これからも、夫の研究の環境を整えつつ、家族一同支え合って生きていきたい。夫にはいつまでも青春時代に得た、かけがえのない体験を踏まえつつ自らの道を進んでいただきたいと心から念じております。

平成二六年七月二一日

大塚鍹子
（朝日大学大学院法学研究科教授・弁護士）

〔講演〕私の刑法学～人格的刑法学の確立～
＜朝日大学法制研究所叢書＞

2014年12月25日　初版第1刷印刷
2015年 1月20日　初版第1刷発行

●著　者　大塚　仁
●発行者　逸見慎一
●発行所　株式会社　青林書院
113－0033　東京都文京区本郷6－4－7
電話 03(3815)5897　振替 00110-9-16920

印刷・製本　モリモト印刷株式会社

落丁・乱丁はお取り替え致します。
© 2015　H. Otsuka　Printed in Japan
ISBN978－4－417－01644－1
JCOPY ＜㈳出版者著作権管理機構　委託出版物＞
本書の無断複写は著作権法上での例外を除き禁じられています。
複写される場合は，そのつど事前に，㈳出版者著作権管理機構
（電話 03-3513-6969，FAX 03-3513-6979，e-mail:info@jcopy.or.jp）
の許諾を得てください。